3万5000人を指導してわかった

質問型営業でトップセールスになる絶対法則

新人でも3か月で
1年の予算を達成できる!

青木 毅
Takeshi Aoki

ダイヤモンド社

はじめに

なぜ、たった3か月で1年の予算を上回る数字を達成できるのか?

私は、これまで約3万5千人の営業指導をしてきました。現場のセールスパーソンはもちろん、経営者や営業幹部のお手伝いもしており、上場企業から中小企業まで、自動車、住宅、保険、小売りなど、BtoBやBtoCの業態に関係なく、業種は多岐にわたります。

まったく売れなかった人が売れるようになる姿を数え切れないほど見てきました。

私の営業指導はシンプルで、大きく分けると、次の2つです。

- 説明中心のセールスから質問中心のセールスに変える
- 同行営業して、具体的にお手本を見せる

すると、研修に参加した人は「なるほど、そういうことですね!」と言ってくるのです。

早い人だと、**3か月でトップセールスに育ちます。**

質問型営業を発信してから10年がたちました。関連書籍は14冊。4年前に始めたポッドキャスト番組「青木毅の質問型営業」の配信は200回を超え、1万人以上のリスナーがいます。

質問型営業が普及することで、営業を「つらく厳しく大変なもの」から、**「楽しくうれしく感動的なもの」**に感じる人が増えてきました。

私の経験が世の中の役に立っていることに、喜びを感じています。

そんな私ですが、かつては、説得型の強引な営業を行っていました。「相手に嫌がられても、熱意を持って説明する」営業方法です。成績は確かに上がったものの、無理がたたってしまい、完全につぶれてしまいました。営業ができなくなったのです。当然、部下がついてこなくなり、組織も崩壊しました。

それから3年後、私は奇跡的な復活を遂げたのです。商品の説明を一切することなく、成約。この不思議な出来事を通して、「営業の本質」に気づいてしまったのです。

「営業の本質」とは、「お役立ち」と「質問」です。

営業とは、お客様の欲求や問題を聞き、それを解決するための商品を提案すること。**お客様のお役に立つために、質問する**のです。これは、私が行ってきた説得型の強引な営業とは、真逆の営業方法でした。

このことをきっかけに、「質問型営業」を編み出しました。私は、自分と同じような苦しみをセールスパーソンに味わわせないために、「実感」と「実績」を持って活動しています。

質問型営業は日々、進化しています。たった3つの言葉で売れる方法を発見し、営業のシーンに合わせた50のフレーズを使うだけで簡単にトップセールスになるトークスクリプトも開発しました。

セールスパーソンを指導していくことで、私自身が成長し、質問型営業はまだまだ洗練されていくと感じています。

そのために、数多くのトップセールスと時間が許す限り交流し、彼らの話を聞いてきました。彼らもまた、「営業の本質」に気づいていたのです。

一般的に、営業に関連する本のほとんどは、著者の実績に紐づいた方法です。本書は、

「トップセールスの共通点」を見出し、「トップセールスになる絶対法則」を伝えるもの。ただ、一般のセールスパーソンにわかりやすく伝えられるかが不安でした。そこで、本書の特徴とも言うべき、次の3点を押さえました。

①質問型営業の手法を使う

私もまた、世界84か国2500の代理店の中で世界大賞を獲得したトップセールスです。トップセールスの共通点は、すぐにわかりました。そこで、「営業の本質」である「お役立ち」と「質問」を土台に、質問型営業の手法を使うことでわかりやすく伝えています。

②営業で失敗しがちな場面別に紹介する

一般のセールスパーソンが知りたいのは、営業で失敗しがちな各場面である「見込み客の見極め」「アプローチ」「プレゼンテーション」「クロージング」「フォローアップ」「セルフマネジメント」において、トップセールスがどのようなことを行っているかです。そこで、彼らの独自の方法や表現を、各営業の場面に振り分け、解説することにしました。

③トップセールスの成功事例を紹介する

トップセールスの実際にあったケース（事例）を、私のフィルターを通して具体的に伝えることで、そのまま実践しても効果が出るものにしました。

これら3点を通して、**属人的な内容を「誰でも使える技術」としてまとめました。**

売上のトップは、どこの会社にもいますが、**本当にすごいのは「3か月で1年の予算を達成する」真のトップセールス**です。

彼らの独自の方法と表現は、なかなかお目にかかれませんし、本当は教えたくないかもしれません。私自身も明かすことに躊躇《ちゅうちょ》してしまいましたが、一方で、そんな人たちがやっている営業手法をお伝えできることに、わくわくもしています。


世の中、ＩＴの環境がますますよくなり、セールスパーソンを介さない販売手法は日々開発されています。それも新しいセールスのかたちです。ただ、ＡＩやサブスクリプションの活用が進んでも、セールスパーソンの役割はなくなりません。むしろ、お客様の役に立つという役割においては、ますます重要性を増しています。

さらに、大企業ならインフラ整備のために投資することは容易かもしれませんが、そうでない企業のほうが大勢を占めています。そんなときに役立つのが、「営業力」です。

人によっては、コミュニケーションが苦手という人もいるでしょう。数多くの人を指導してきた経験から、**営業に向き不向きはありません。**センスや育ち、性格などに左右されることも絶対にありません。

営業力を身につけて結果を出せるのは、**「自分がピンときたことを徹底的に真似する人」**です。

本書は、売上を伸ばしたい人や楽しく営業をしたい人、営業の秘訣をつかみたい人、営業部の成績を劇的に上げたい営業担当部長、役員、社長の方々に、ぜひ読んでいただきたいものです。

本書に出てくるトップセールスは皆、お客様に役立ち、感謝され、仕事に喜びを感じています。だからこそ、あなたもここに書いてあることを真似すれば、同じ感覚を必ず手に入れていただけると確信しています。

3万5000人を指導してわかった

質問型営業でトップセールスになる絶対法則

新人でも3か月で1年の予算を達成できる！

目次

はじめに
なぜ、たった3か月で1年の予算を上回る数字を達成できるのか？……3

第1章
トップセールスはお客様を選んでいる

3回確かめれば売れるかわかる……18
商品で引き付けるのではなく、共感で引き寄せる……24
実績が上がった企業の業界・個人と同じタイプを徹底的に狙う……31
お客様が質問してきたときが見極めのポイント……36
見込み客をランク分けして、育てていく……42

第2章

トップセールスはお客様に話をさせるのがうまい

初めて会う場合に主導権を握る方法……52
会ってすぐ商品の説明をしない……58
すぐ売らずに、お客様のためになるかを見極める……64

第3章

トップセールスは断られることが100%ない

問題がはっきりすれば、お客様からお願いされる……72
商品を手にしたときの「価値」を感じさせることで楽に売れる……78
相手のために行動すると、後ろめたさが一切なくなる……83
一流の役者のように、感動を演出できる……90

第4章

トップセールスは契約で追い込まない！

最高のクロージングは、お客様に商品の良さを語らせる……100
見切り発車せず、相手から「欲しい！」と言わせる……105
テストクロージングを使い倒す……111
役立たないと感じたら思い切って断る！……118
「もう少し考えさせて」から、一気に契約につなげる方法……124

第5章

トップセールスはお客様に営業してもらう

売ったあとが、真のスタートである……134

買ったあとの効果を確認するだけで、口コミが始まる……140
お客様の感謝の声が成約率を高める……145
率先してお客様から紹介先を紹介される……150

第6章

トップセールスは自分にセールスできている

自分の買いたい商品を売っているか？……158
商品を買ったらどうなるかをイメージできているか？……163
お客様に喜ばれ、自分も喜べるセールスをしているか？……167
私から買うことがベストな選択と言い切れるか？……173
お客様のいいところを見て、応援したいと思っているか？……178
セールスで役立つことが使命だと思っているか？……183

第7章

確固たる信念が真のトップセールスを育てる

目標にコミットしていく生き方をする……192
うまくいかない理由より、何をすればいいいかを考えている……197
買ってもらうのではなく、売ってあげる……201
お客様は神様ではない。お客様は患者と思え……206

おわりに……210

第1章

トップセールスは
お客様を選んでいる

営業には、「アプローチ」「プレゼンテーション」「クロージング」「フォローアップ」という段階があります。

トップセールスは、「いよいよここで購入が決まるかもしれない」という「クロージング」の段階ではなく、最初に会ったときにものの数分で、「この方の役に立てるか」「この方はお客様になるか」を判断できるのです。

それを**「見極め」**といいます。

大事なのは、「お客様と会ったときにまず何をするか?」です。

普通のセールスパーソンは、商品説明に入るために、自己紹介などから始めます。

しかし、**トップセールスは、「お客様が興味を持つか」「お客様に商品の話をすべきか」「お客様が商品の話を聞くか」を見ます。**

お客様との出会いは、「自分から行く場合」と「相手から来る場合」に大きく分けられます。

前者のときは、**「なぜ会っていただけたのですか?」**と聞き、後者のときは、**「なぜ来て**

いただけたのですか？」と聞きます。

このやり取りで、どういうタイプかを探るのです。

次の5つのパターンに当てはまると感じた場合は、そのまま話を続けていいでしょう。

①最初から話を聞こうという気持ちで来ている人
②困っている人。問題が起きている人
③素直な人。人の話をよく聞く人
④向上心のある人。プラス思考の人
⑤お金を持っている人

ここに当てはまらないと感じた場合は、時間がかかるか、もしくは、ムダな時間を過ごす可能性があるので、潔く諦めます。

それでは、トップセールスがお客様との出会いをどれだけ大事にしているかを見ていきましょう。

3回確かめれば売れるかわかる

トップセールスは、ムダなことはしません。

「売れる人にしか話をしない」のです。

しかし、多くのセールスパーソンは、「話を聞いてくれる人を見つける」ことから始めます。

「話を聞いてもらえれば、売れるかもしれない」と思うからです。

残念ながら、この考え方が大間違い。私は決まって、こう言います。

「心配しなくても、売れないから」

では、トップセールスはどのように「売れる人」を見極めるのか。彼らは3つの問いを投げかけることで、判断しているのです。

3つの問いとは、

①「そもそも欲求を持っているか？」

②「自分が問題を解決したいと思っているか？」

③「そのための投資をする用意はあるか？」

です。

「欲求の有無」「問題解決への意欲」「投資への決意」、これらを知るための問いなのです。

先に紹介した5つのパターンに当てはまるかを見ています。

①「そもそも欲求を持っているか？」

具体的には、「どのようにしたいのですか？」「何が問題ですか？」と聞きます。

「解決したい」「なんとかしたい」「○○なんだ」「困っているんだ」と、お客様が自ら具体的に語ったり、現状の問題を解決できず悩んでいたりしたら、次の質問に移ります。

②「自分が問題を解決したいと思っているか？」

次に、「それを解決すれば、どのようになりますか？」と聞き、「解決したいと思ってお

られるのですか?」と尋ねるのです。

「助かる」「これが解決すれば、できることが増えてくる」「前進する」「業績が上がる」など、プラスの発言があるとします。このような場合は、頭の中で自らの状況がよくなっている将来を描いており、欲求が高まっているはずです。

③「そのための投資をする用意はあるか?」

最後に、**「そのための投資については、考えておられますか?」**と聞きます。

「かかるものはしようがない」「かかってもやりたい」「ある程度は用意している」「もちろん」という回答が出てくれれば、もう迷う必要はありません。

「それがないんだよ」と言われたら、「ある程度の用意が必要ですね」とはっきり言います。

「本当にそうなるなら、やらないとね」と返してくれるのを待つのです。

トップセールスから、「時期をあらためたらどうですか?」とは絶対に言いません。なぜなら、時期をあらためても同じ返答になることを知っているからです。

私の友人に、経営コンサルタントの石原明さんがいます。『営業マンは断ることを覚えなさい』（三笠書房）は大ベストセラーとなりました。その後、「4ステップマーケティング」という手法を開発し、それによって成果を上げている企業、個人が数多くあります。

彼は同じ仕事をしている仲間でした。互いにアメリカの教育プログラムを売っている日本の代理店で活動し、私が彼の1年先輩。「西に青木、東に石原あり」といわれたこともありましたが、彼は私の約1・5倍の成績を上げていました。

トップセールス同士、情報交換をしていくなかで、彼が言ったことが核心を突いているなと感じたことがありました。

「青木さん、大事なのは見込み客であるかどうかだよね。『問題を解決したい』『自分の思いを実現したい』と思っているかを、私はいつも確かめているよ。それがわかれば、セールスなんて簡単だ」

私は「なるほど」と納得しました。彼は、**「欲求を実現したいと思っているか?」「問題を解決したいと思っているか?」「そのためにお金、時間を投資することへの決意を持っ**

ているか？」にポイントを置いていたのです。

この見極めによって、彼は5年間、トップセールスとして活躍していました。

トップセールスは、**「お客様自身がどのような気持ちでいるのか」**を聞くのです。

買うのはお客様である以上、お客様にその気持ちがあるのか否かが重要なポイント。買う気のない人にいくら話をしても買われることはないのです。

セールスパーソンが話し上手であれば、お客様は買ってくれると勘違いしている人もいますが、それは絶対にありません。興味を持ってくれたり、こちらに気持ちが向いたりすることはあるかもしれませんが、たいてい、そこ止まりです。

トップセールスになるためには、**「見込みがあるかどうか」**を見極めることが何よりも**重要であり、それは3つの問いによって確かめられます。**

トップセールスは
売れる人にしか話をしない。
お客様の気持ちを確認するために
3つの問いで見極める

商品で引き付けるのではなく、共感で引き寄せる

お客様を見極めるための5つのパターンの一つとして、「向上心のある人。プラス思考の人」を挙げました。

向上心のある人は、できる人に魅かれる傾向があります。理由として、上を目指しているのはもちろん、「この人、何か持っていそうだな」という嗅覚が働き、「この人の話を聞きたい」と思うからです。事実、そのように見られるのがトップセールスです。

私から見るトップセールスの特徴は、**「堂々としている」「下手《したて》にでない」「人の話をちゃんと聞く」「共感する」**です。

なかでも「こんなにわかってくれる人はいない」と思わせるほどの**「共感力」**に長けた人間は、トップセールスの資質を持っています。

自分の気持ちをわかってくれる人、自分の意見を受け入れてくれる人です。

トップセールスは食らいつくように聞き入ります。うなずき方が並大抵のものではありません。大げさすぎるほど、「なるほど！」と、染み入るように聞くのです。

そんなトップセールスに触れた人は、「こんなに聞いてくれる人はいない」と心酔するのです。

たとえるなら、お笑い芸人の南海キャンディーズ・山里亮太さん。私が思うに、「声だけで勝負できている」人です。そして、喜怒哀楽の感情をちゃんと表現できるので、言葉に気持ちが乗っかっているのです。

相手の話を受けて、きちんと反応する、これが大事です。

その一方で、「この商品の話をぜひ聞いてほしい」「今までにない素晴らしい商品ができたのです」などと言っているセールスパーソンがいます。お客様に対して、商品の特徴で関心を高め、こちらに引き付けようとするのです。

「引き付ける」のではなく、「引き寄せる」のです。

「今までにない商品なので、話を聞いてもらえば、きっとわかってもらえる」とセールスパーソンは思っているのでしょう。たとえ真実だとしても、お客様からすれば、それはセールストークであり、残念ながら物売りが話しているようにしか聞こえないのです。

私が指導した受講生の中に、大手保険メーカーでトップセールスになった人がいます。彼は大手車メーカーの中古車販売でもナンバーワンの実績を誇りました。

お客様もセールスパーソンも、「同じ商品なら誰から買おうと一緒」と思っていることでしょう。彼は違います。**「私から車を買うほうが、お客様が幸せになる」**と信じているのです。

ある日、スーツ姿で車を買いに来た人がいました。

「どのようなお車をお探しですか？」――たいていの人はこの一言からトークを始めるでしょう。次に、いろいろな車種を紹介するのが一般的です。けれども彼は、そうしません。

「なぜ、その車種なのか？」「どのような目的なのか？」「予算は？」などと、お客様に聞いていきます。そうすることで、「大事な取引先のために車を探しに来た」というお客様の目的がわかりました。

商品の数が多いと、お客様を迷わすことになります。そこで、目の前に車が並んでいるにもかかわらず、聞くことから始めたのです。ヒアリングです。ちなみに、スーツ姿で車を買いに来たお客様は高飛車な態度で、強気でした。普通のセールスパーソンなら、おどおどしてしまうところ、対等な立場で「聞く」に徹するのです。


「なぜ、その車種なんですか？」

「できれば、女性が喜ぶような車を探している」

「なぜ、女性が喜ぶような車を探しているのですか？」

「大事な取引先のお嬢さんの車を探している」

「**なるほど、そういうことなんですね。**ご予算はどれくらいですか？」

「○○万円で」

大事なポイントはわかりましたか？

「なるほど、そういうことなんですね」――セールスパーソンが腑に落ちること、そして、共感の意を示すことが重要です。

お客様は「そこまで聞いてくれるのか」と感心し、この人に任せようと思うのです。これは、目の前のセールスパーソンがお客様の望みを見極めようとしているのを感じたことに起因します。

そして、お客様から下記のような言葉が出てきたら、もう見極めは終わっています。

「私の望んでいることをわかってくれましたか？」

「私の探しているものをわかってくれましたか？」

お客様は求めている商品を理解してもらったと感じているのです。

トップセールスになりたいなら、この姿勢は非常に重要です。

よく「商品を売る前に自分を売れ」という言葉を聞きます。**自分を売るとは、「どこまでもお客様の役に立つ」という姿勢を売ること**です。

見極めには、**「共感」**と**「質問」**です。

「私のことをちゃんと考えてくれている。何を言うかではなく、どうわかってくれたかがすべて」。お客様がそう感じたときに、真剣に質問に答えてくれます。

セールスパーソンは「なるほど、そういうことなんですね」と言います。すると、お客様から先ほどの「私の望んでいることをわかってくれましたか？」「私の探しているものをわかってくれましたか？」という言葉が出てきます。

あとは、**「私に任せてもらえませんか？」と伝えれば、お客様は商品で決めるのではなく、この人に任せようとする**のです。

トップセールスは「なるほど、そういうことなんですね」と共感し、お客様の信頼を得る

実績が上がった企業の業界・個人と同じタイプを徹底的に狙う

トップセールスは、実績が上がった企業があれば、その企業の業界を徹底的に狙います。個人の場合なら、個人と同じ属性やタイプを掘り下げていきます。

この戦略は、並みのセールスパーソンに欠けているものです。たとえ、それができていたとしても、うまくいかなくなったとたんにやめてしまうのです。これは大変もったいないこと。せっかくの鉱脈を見つけたにもかかわらず、自ら機会を逸していると言っても過言ではありません。

見極めのパターンの一つに、「困っている人。問題が起きている人」を挙げました。

同じ職種で同じ問題を抱えていることは非常に多いのです。そこにニーズがあります。

いくつか企業を当たってみると、同じような悩みを持っていることがわかります。その悩みを念頭に置いて話し、「なんでわかるんですか?」という言葉がお客様から出てくれば、もう完璧です。

たとえば、飲食業界の場合、現場の人間が独立していく問題があるとします。そこでは、「独立するためのノウハウ」が売れます。個人向けのセールスの場合、美容に意識の高い人がいるとします。その人には「やせる方法が売れる」などがわかってきます。

そこで、トップセールスは業界や個人のタイプを徹底的に深掘りしていきます。

彼らが持っているものは**「探求心」**です。それが大きな成果となっていくのです。「もっと売りたい」「もっとセールス技術を上げたい」「もっと商品の専門家になりたい」――この気持ちが尽きないのです。

実際にあった話ですが、あるとき、九州地区の美容業界の経営者が社員教育のプログラムを多く採用していると聞きました。

経営者は腕(技術)を磨くことに力を入れていましたが、現場の育成方法がわからないという悩みが多かったのです。

自分が腕を上げてきたように厳しく接すれば、現場も成長してくれる。そう考えていた経営者が多く、それが間違いでした。

調べた結果、次のようなことがわかりました。

【問題点】

・現場のスタッフも、自分と同じように技術を高めたい、磨きたいものと思いこんでいた
・現場の仕事に対するモチベーションの上げ方がわからない
・どうしたらやる気になるのか、自発的に取り組んでくれるのか、教育方法がわからない

【解決法】

・一人ひとりと話す。ミーティングをする

【わかったこと】

・一人ひとりのやる気になるポイントが違う

【そこで提案したこと】

・モチベーションの上げ方

この事柄にもとづいて、「一番の問題は、一人ひとりのモチベーションじゃないですか?」と質問をしました。すると、「たしかに」「その通り」「そうなんだよな」という声が経営者から出てきたことで、売れるようになったのです。ここでも、「共感」が武器となったのです。

相手の悩みや問題がわかっていれば、**「○○ということはないですか?」**と聞き、「えー、よくわかるね」と返ってきたら、これでお客様を見極められたことになります。

反対に、「そうかな?」という返事が来たら、脈なしです。

つまり、**自信を持って、相手に問題を突きつける。そのときの反応によって決まる**ということです。

実績が上がった企業・個人の課題や解決法はわかっているので、徹底的に同じタイプを狙うことを意識しましょう。

トップセールスは「一番の問題は○○じゃないですか?」と当然知っているかのように同じタイプを狙う

お客様が質問してきたときが見極めのポイント

5つのパターンの筆頭に挙げた「最初から話を聞こうという気持ちで来ている人」は、見極めるのが簡単です。お客様が質問するときが、自分の問題について「解決法を知りたい」ときだからです。

「どうしたらいいでしょうか？」「どうしたらうまくいきますか？」などの質問を受けたときは、お客様のノドが渇いている状態。セールスの話を真剣に聞いてくれるのです。結果、契約率は極めて高いものになります。

反対に、お客様が欲していなければ、いくら働きかけても「そうですか」としか返ってこないでしょう。商品の説明をしても、参考程度にしか聞いてもらえず、購入に結び付くことはありません。当然、セールスパーソンが「いかがですか？」と尋ねても、「考えておきます」と言われてしまい、クロージングにさえ入れません。

このようなセールスを何度繰り返しても、何が悪いのかが残念ながらわからないのが一般のセールスパーソンです。

答えはじつに簡単で、「相手が欲してもいないことを言っても意味がない」ということです。つまり、**お客様が質問してくるというのは何らかの情報を知りたいサインであり、そのときに初めて商品の説明をするベストタイミングが訪れる**のです。

介護事業のコンサルタント部門に所属しているトップセールスは、この方法を使って、コンサル契約を月平均3件がいいところ、8件も獲得。やがて、全社100人近いセールスパーソンの指導員になり、2年で子会社の役員に抜擢されました。

ところが彼はその昔、トップセールスとは無縁の人物でした。それどころか、成績が上がらず、上司から叱責を受けることもしばしば。彼がトップセールスになったきっかけは、お客様に質問されるような話し方（シナリオ）に変えたことでした。

それはどのようなものでしょうか。ただ、質問すればいいというわけではありません。まずお客様に改善の気持ちがあるかどうかを見極め、現状の問題に気づかせて、「このままではよくない」と言わせるのです。

話す相手が経営者であっても、担当者レベルであっても、彼らは皆いろいろな課題を抱えています。セールスパーソンは相手がいくつもの問題を抱えていることを理解したうえで、会話を通して、自社の商品で解決できることを気づかせるのです。

かのトップセールスは面会で、今回の訪問目的が「コンサルティングの提案である」ことのみを告げ、次のように話を進めたのです。

①「現在はどういう状況ですか?」(現状)

まず、ゆっくりと現状を聞くことから始めました。現状を聞くことにより、お客様が現在置かれている状況をはっきりと見つめることができます。

②「障害になっているものはないですか?」「何が問題ですか?」(障害)

現状がはっきりと理解できたなら、次に何が障害かを聞くのです。

③「何をしていますか？」（解決策）

そして、解決するために、何らかの策を講じているかを聞きます。講じているのであれば、その解決策で本当に実現するのかも聞きます。解決するための手を打っていないなら、「なぜ対策をしていないのか」「そのままでいいのか」も尋ねます。

トップセールスは、このような順で質問したのです。そうすることで、お客様から「どうすればそれが実現できるか？」と質問されるようになったのです。

現実を目の当たりにすると、動かざるを得ないのが人です。トップセールスは、ここに行きつくように話す方法を手に入れたのです。

人は誰でも自分のことが一番です。自分が興味を持っていないことには、まったくと言っていいほど、関心がありません。

それを無理に話題にするのは、ただの押し付けです。自覚していない問題を話し合おうとすること自体がダメです。

セールスパーソンがお客様から嫌がられているとしたら、多くの場合、それは押し付けを行っているからではないでしょうか。

「お客様が質問してきたときがベストタイミング」ということを念頭に置いて、お客様が現状を理解して自分で考えられるように質問してみましょう。**「現状」「障害」「解決策」の手順を踏み、解決策に対する質問をしてもらえるように導く**のです。「どうしたらいいんですかね?」、そう言われたら、見極めはOKです。

トップセールスは現状の問題点を明らかにすることで「どうしたらいいんですかね？」と助けを求められる

見込み客をランク分けして、育てていく

私が思う「人の行動原則」とは、**「人は自分の思った通りにしか動かない」「人は自分の思った通りに動きたい」**です。

これをセールスに置き換えると、「セールスパーソンがお客様を説得するのは無理」ということです。

この行動原則にもとづいてセールスを行うと、長い間、低迷していた成績がうそのように跳ね上がります。

同時に、トップセールスが何をやっているかがよくわかるようになります。彼らは、常にお客様を見極めています。なぜなら、「人は自分の思った通りにしか動かない」ことを十二分に理解しているからです。

そのために、トップセールスは見込み客のランク分けをしています。これにより、見込み度を常にチェックしているのです。

Aランク：具体的にお願いされる。
Bランク：すぐにではないが、お願いしたいといわれる。
Cランク：今のところは大丈夫。必要であればお願いしたい。
Dランク：今は必要ない。お願いもない。

ランク分けを忠実にやっているトップセールスがいます。彼は、事務機器メーカーで働いています。担当地域が変わったときに電話をするところから、お客様との接点が始まります。

普通のセールスパーソンは次のように電話します。

「○○様、当社の製品をご利用いただき、ありがとうございます。□□事務機の△△と申します。じつは、○○様の担当の◇◇から私△△に変わりました。今後は私△△が担当させていただきます。よろしくお願いいたします。ところで、複合機の調子はいかがですか？　よければ、点検を兼ねて一度ご挨拶に伺わせていただきたいと思いますが、いかがでしょうか？」

このように電話をすると、お客様は、複合機について何か提案されると警戒するでしょう。そのため、「今のところ、大丈夫です。また、何かあれば、こちらから電話しますので」と言われ、電話を切られてしまうことが多いのです。このように言われると、セールスパーソンは何もアクションを起こすことができずに困ってしまいます。

ところが、トップセールスの彼はこのように言われても動じません。
「そうですか。お変わりなく、調子がいいようでよかったです。私どももよくそちらのほうを回ります。では、近くに行った際に、ご挨拶に寄らせていただくというのはいかがでしょうか？」と言うのです。
「それならば」とお客様が言われると、「では、比較的いらっしゃる時間は、午前ですか？　夕方ですか？」と聞いて、時間のあたりをつけておきます。近くを回った際に、同じような電話をしたところを何軒かピックアップして、挨拶に回るのです。

現実には、すぐに仕事になるということはありません。トップセールスの彼には、それがわかっています。複合機の状況を確かめに回ることが重要なのです。お客様と複合機をランク分けするために訪問し、挨拶しに行っているのです。

挨拶では、**「快適に使っていただいていますか？」**（お客様の気持ち）と**「複合機について何かお考えのことはありますか？」**（複合機の近況）の2つを質問します。

次に、ランク分けして、今後の対応をどうするか見極めます。

Aランク：すぐに、複合機を点検してほしいと言われる（10件中1件）
Bランク：近いうちに、複合機の点検をしてほしいかも（10件中2件）
Cランク：当分は大丈夫だが、機会があればお願いしたい（10件中4件）
Dランク：まだ、大丈夫（10件中3件）

ここで重要なのは、「お客様の気持ち」と「複合機の状況」です。これを見極めて、今後のフォローで定期訪問、資料送り、イベントへの誘いを行っていってタイミングを計るのです。こうすることで、目先の売上だけでなく、3か月先、半年先、1年先、それ以上というスパンで順次お客様をランクアップさせながら、将来の売上にもつなげていきます。

直近の売上を確実に上げながら、将来の売上もきちんと確保するのもトップセールスのなせる業《わざ》です。

並みのセールスパーソンにはそれができません。目先の売上を確保することに終始し、自分の生活のためにセールスをしているので、お客様を見守ることができないのです。

トップセールスは、長期的な視点に立って、セールスを見ています。

お客様自らが申し出るように、きっかけを常につくっておくのです。

「お変わりはございませんか？」と話すことで、いつか訪れる変化に対応できるように、継続的なコミュニケーションを取っていきます。最初は敬遠されるのですが、一度挨拶して会えば、2回目からは普通に使っても支障はありません。相手の状況を定期的に確かめ、ランク分けしていくことで、落ち着いた対応ができます。

ちなみに、**「最近は、何か考えていらっしゃいますか？」**と相手の考えを聞くような質問も入れておきましょう。なぜなら、**ランクアップしているかどうかを見極められるだけでなく、思考の変化を促すことも大事**だからです。

Aランクのように、常にお願いされるよう、ランクアップを目指していくのです。

トップセールスは
お客様を4段階に分けながら長期的な視点で見守る

第2章

トップセールスは お客様に 話をさせるのがうまい

「アプローチ」とは何か？

まず、最初の1、2分で会う目的を伝えて、話を聞く気にさせましょう。アプローチとはお客様の欲求を引き出し、問題を明確にすること。そのためには、相手の警戒心を解き、心を開かせなければなりません。トップセールスは、ものの数分で良好な人間関係をつくります。

トップセールスと一般のセールスパーソンでは、アプローチにどんな違いがあるのでしょうか。

トップセールスは時間と場所の確保を優先し、一般のセールスパーソンは下手に出て先方の都合に合わせ、出向いてしまいます。

トップセールスは自分に引き寄せる一方で、一般のセールスパーソンは一生懸命、商品のアピールをします。

トップセールスがお客様の欲求を聞くことに耳を傾けるなか、一般のセールスパーソンは説明に固執します。

「話を聞いてもらえない」――こう悩むセールスパーソンは多いです。「見るからに煙たがられている」「『時間がない』と言われる」「『はいはい』とカラ返事をされる」、こんなことが続いてしまったら、やる気をなくし、自信を失うのは当然です。

一方、トップセールスは会ってからの数分で、お客様の心をオープンにし、聞く気にさせます。

なぜ、そんなことができるのか。トップセールスは**「自分から心を開いている」**からです。相手に興味・関心を持っていて、先入観がありません。

売れないセールスパーソンは相手の反応を見て気持ちが折れますが、トップセールスはどんな対応をされても、気に留めません。なぜなら、**役立とうと思っている**からです。

トップセールスの共通点は強気であることです。お客様に対して、絶対にプラスになると信じています。採用する、しないは関係ありません。「そのとき、採用されなくてもいつかは採用される。なぜなら、いい提案をしているから」と、絶対的な自信を持っています。だから、**下手に出ることはない**のです。

セールスとは勝負。アプローチで負けると、いいお客様にならないので、最初の数分にかけるのです。

初めて会う場合に主導権を握る方法

お客様との面会で、「時間」と「場所」の確保は重要です。

トップセールスは事前にアポイントをとり、「時間」と「場所」の確保をしっかりとしたうえで面会を行います。

「では、何時にお会いしましょうか？」

「では、お話しできる場所はございますか？」

これらの質問の意図がわかるでしょうか。

セールスパーソンが**主導権を握り、提案をしているの**です。あくまでも**「お願いしない」というのが鉄則**です。

なかには、電話でのアポイントの時点で、自社の応接室や会議室などに来社を促し、自社で面会を行うトップセールスもいます。

お客様の会社の会議室に行かずに、自社の会議室に来てもらうメリットは、「来させる」「訪問させる」ことで、優位に立てる点です。

なぜ来てもらえるのでしょうか。それは、お客様がセールスパーソンの話を聞きたいからです。

たとえ来るのを拒まれたとしても、**「何か理由があるのですか?」**と聞けばいいのです。そして、**「じゃあ、行きましょうか?」**と、ここでも主導権を握るのです。あくまでも、こちらからの提案であることが大事なのです。

セールスパーソンの役割は、**「お客様のお役に立つこと」**です。

自社の商品を売るよりもまず、お客様の現状の欲求や問題を聞き出し、解決策として、最終的に自社の商品を提案することです。

じっくり話し合わないと、問題は顕在化されません。わからないままです。したがって、時間と場所を決め、腰を据えて話をすることが大事。お客様の欲求や問題の絞り込み、解決策について考えるためには、「時間」と「場所」を確保したうえで、面会を行えるようにすることは必然なのです。

少し視点を変えてお話ししましょう。

「話を聞きたい」と言ってくるお客様は、なぜか顧客につながりやすいのです。それは、士業等の仕事の形態を見るとわかります。アドバイスを聞くために、お客様が自ら事務所へ足を運びます。アドバイスに価値があるからです。**時間と場所を指定しても、お客様が足を運ぶ、ここに優位性がある**のです。

セールスパーソンも、コンサルタントやアドバイザーになる意識で取り組むことで、お客様からの信頼度が大幅に上がります。

私の先生でもある経営コンサルタントの平岡和矩《かずのり》氏に、「場所」の重要性を教えていただきました。平岡先生はタナベ経営出身で、80歳を過ぎた現在も第一線で活躍し、大手企業から中小企業に至るまで多くの企業において、経営のコンサルタントをされています。先生は、こう話していました。

「初めて会う場合、特に経営者には自分が安心して話ができる場所が必要。自社に呼び、安心して、落ち着いて、話ができる空間である個室に招き入れるのです。ここでご自身のことを吐露してもらい、一気に信頼を得る。それから、改革案を提案します。そういう意味において、セールスパーソンも経営コンサルタントと同じようにやるべきなのです」

訪問が主流であった保険業も、最近は来店型で大きく展開していますし、展示会ビジネスが盛況なのも、お客様の「時間」と「場所」の確保がセールスにおいて非常に重要だという観点から見ると納得できます。

これらのビジネススタイルの特徴は、**お客様に事前に時間を押さえてもらうこと**です。窓口を持った保険業であれば、お客様が時間を確保して訪ねなければ、話を聞くことができません。展示会ビジネスも、開催日時が決まっているので、お客様がそれに合わせてスケジュールを組まなければ、話すことができません。

セールスでは、「とりあえず、出かけてこい。少しでも面会してこい」という考えが大勢を占めています。しかし、トップセールスはそのようなことはしません。**時間と場所を確保したうえで、お客様に訪問してもらっている**のです。

なぜならば、主導権を持つことが大切だからです。お客様からしっかりと欲求、問題を聞き出したうえで適切な提案を行うことが重要であり、そのための条件が「時間」と「場所」なのです。

トップセールスは
主導権を持って話を進めるために
「時間」と「場所」を確保する

会ってすぐ商品の説明をしない

「商品のことをお話ししたい」「商品について説明したい」と、セールスパーソンはせっつきがちです。気持ちはよくわかります。ただ、判断し、決めるのはB to Bなら社長や担当者、B to Cなら一般のお客様です。

大事なのは、今、目の前にいる人。どんなに素晴らしい商品でも、お客様がセールスパーソンを気に入らなければ、その商品を買わないでしょう。もちろん、その商品の内容を聞くこともないでしょう。

では、なぜ、商品の説明をすぐするセールスパーソンはダメなのか。商品の説明をしてはいけないわけではありません。商品はお客様の問題を解決するものであるため、**「欲求や問題が明確にならないうちに提案してはいけない」**ということです。

トップセールスは、商品の説明をすぐにしません。しないどころか、説明をしないで帰ることもあります。「欲求」と「問題」が発見できない場合です。

トップセールスは、最初の面会を大事にしています。お客様と互いにわかり合えることが重要です。ですから、話を聞いてもらうために、「ビジネスで来ている」ことを忘れさせるのです。

まずは、出会ったことに感謝し、「今日は、お会いできてうれしいです」と、相手のよいところを探して認めるのです。「素晴らしい会社ですね」「ご活躍されていますね」と。認めるとは上からの物言いですが、「褒める」と同じ意味です。褒められて悪い気がする人はいないでしょう。

トップセールスはそのことを熟知しています。**目の前の人とのつながり方で、採用、不採用が決まってくることを理解している**のです。

だからこそ、トップセールスは目の前のお客様を知るために、コミュニケーションを重視します。お互いのことを多少なりともわかったところで、お客様は少しずつ心を開き、話し始めるのです。

私の受講生の中で、トップセールスに大変身した人がいます。自動車の部品メーカーの下請けをやっている会社の二代目。「とにかく、下請けばかりで儲からない。先生、どうしたらいいですか」と嘆いているような人でした。

その彼が自分のセールスによって、業績をたった2年で3倍に伸ばしたのです。人と話をするのも緊張して思うようにできない人でしたが、会社を支えるトップセールスに短期間で成長したのでした。

その秘訣こそが、**「会ってすぐ商品の説明をしない」**です。

この会社は、メーカーから送られてくる機械の製作図面を見たうえで、見積もりを提出。OKが出れば製作に入るという完全受け身のスタイルで長年やっておられました。

メーカーの本音は、製品を作るうえで、どこに頼もうが変わりがない。発注先は、FAXやメールのやり取りだけで価格の安いところに決まるというものでした。当然、競合他社も多い。そこで、彼は図面を描いた担当者に会わせてもらうことにしたのです。「いい製品を作りたいので、図面の作成担当者に会わせてほしい」と。

初めての試みです。まずは「担当者に心を開いてもらうために、**『感謝』**と**『褒めるこ**

と』を忘れず、話を聞くことから始めよう」と、肝に銘じて面会に向かいました。

「いつもありがとうございます（感謝）。○○会社の□□でございます」

「お問い合わせいただいた図面ですが、拝見させていただけませんか？」

彼は見せてもらった図面を丁寧に見ます。おもむろに、

「素晴らしいですね（褒める）。よくここまで描かれましたね。随分時間がかかったのではないですか？」

と言うのです。すると図面の作成担当者が、

「そうなんですよ。じつは……」

と自分がいかに図面を描くのに苦労したかを堰《せき》を切ったように話し始めたのです。

今まで言われたこともないような感謝と賞賛、ねぎらいの言葉にびっくりしたのでしょう。彼はさらに共感をし、目の前の人の話をしっかり聞くようにしたのでした。

すると、図面の作成担当者は、「あなたのように図面をしっかり見てくれる製作先はいないですね。これぐらい図面をしっかり見てくれれば、間違いなくいいものを作ってくれる。今後は、御社にお願いするように言っておきますよ」と話してくれたのです。

この成功で自信を持ち、図面が送られてくる企業にどんどん訪問し、売上が一気に伸びました。彼は、短期間で見事なトップセールスへと変貌したのです。

これは、「会ってすぐ商品の説明をしない」という成功例です。

「商品の説明をしない」というルールをいったん設けると、たいていのセールスパーソンは話す内容がなくなります。何も話さないわけにもいかないので、**自分のことを話すか、相手の話を聞くしかなくなる**のです。これが、この技の妙なのです！

まず、目の前の担当者に対して感謝と賞賛、ねぎらいの言葉をかけ、仕事に対する理解を示します。担当者と人間関係づくりを行うために、相手のことを聞く、特に**苦労話や成功談を聞くことが、いかに重要であるかがわかります。**

このように**「商品よりも、まず会っていただいた目の前の人を大事にする」**のです。これは、セールスパーソンにとって、肝に銘じるべき重要なこと。このことを誰よりも理解した人がトップセールスとなっていくのです。

トップセールスは
「感謝」と「褒める」を忘れない。商品の説明をしないと決めることで相手の話を聞くことに集中する

すぐ売らずに、お客様のためになるかを見極める

「お店はお客様のためにある」。商業道を説いた雑誌「商業界」の主幹であった倉本長治《ちょうじ》先生の言葉です。セールスにおいても、まさにこの言葉が当てはまります。**「セールスはお客様のためにある」「商品はお客様のためにある」**のです。

ただ、提案したい商品がお客様に役立つかどうかは、お客様自身に判断してもらう必要があるでしょう。それがいかにお客様のためになるかを説明する責任が、セールスパーソンにはあるのです。

同時に、お客様のことを聞かせてもらうことで、その商品のプロとして、目の前のお客様にとって、この商品が役立てられるかを見極めることが必要なのです。なぜなら、提案する商品のことを誰よりもよくわかっていて、強み・弱みを知っているからです。

営業シーンで、必ずお客様からセールスパーソンに向けて発せられる言葉があります。「これ、本当に効果があるのですか？」「どれくらいで効果が表れるのですか？」などです。

これらを言われたセールスパーソンは言葉に詰まるか、ドギマギしてしまうのが常ですが、トップセールスは違います。研修会社の例で説明しましょう。


「これ、本当に効果があるのですか？」と聞かれた場合、一般のセールスパーソンは、「ありますよ」「大丈夫です」「もちろんです」と、根拠があるかないかわからない回答をしがちです。

一方、トップセールスはこう答えるのです。


「社長、そのお話の前に、そもそも会社をどのようにしたいのですか？」


この逆質問に、ハッとする社長がじつに多いのです。なぜなら、この質問に対する社長の返答が、商品に対する本気度合いを測るものになるからです。

「○○したいと思っているんだ。なので、研修などを模索している」と、社長が明確に答えられれば、真剣に聞こうとするでしょう。

「そこなんだよな～」と返答があいまいでしたら、たとえ研修をやったとしても大した効果は表れないのです。

前者の社長は「私はね。じつは……」と話し始めます。社長の話を充分に聞いたトップセールスは、「それでしたら、お話ししましょう」とプログラムの活用について話をするのです。そして、本格的な取り組みが始まるのです。

反対に**「そもそも会社をどのようにしたいのですか?」**という言葉にたじろぐ社長もいます。

「じつはまだ、明確になっていないんだよ」と本音を吐露するのです。このときの社長はあいまいな態度で少し弱々しく見えます。そのときに彼は、「失礼ですが、そこを明確にすることが先だと思います。それが明確になったときに、私たちの研修が活用できると思います」と言いきります。

彼にはセールスをしているという感覚はありません。どこまでも相手の会社に役立つ提案をするという観点なのです。

すべては、「そもそも会社をどのようにしたいのですか?」という質問に尽きるのです。「効果があるのか」「どれぐらいでできるのか」という問いの答えは、効果を上げるのも短期間で成果を上げるのも、取り組み方しだいということになります。

単に売るのではなく、相手のことを考えているから出てくる質問です。この質問で**相手の姿勢を見られる**のです。

このようなセールスを行えば、経営者が本気で取り組むという姿勢をつくることができるので、契約も長期にわたります。

もちろん、このようなアプローチについてはそれぞれ自分なりのやり方があり、違いがあるかもしれません。少なくとも、「社長、そのお話の前に、そもそも会社をどのようにしたいのですか?」という内容の質問を相手にすることで、返ってくる言葉と姿勢によって、どれぐらい商品を活かしてもらえるかを測ることができるのです。

これが、「セールスはお客様のためにある」「商品はお客様のためにある」を頭に入れて、セールスをしているということです。

トップセールスは
「どのようにしたいのですか？」と聞き
お客様の本気度を見て
売るか売らないかを判断している

第3章

トップセールスは断られることが100%ない

同じ商品を売っているのに、なぜ、私は売れないのか。なぜ、あの人は売れるのか。

そう悩む人は多くいるでしょう。

「プレゼンテーション」で大事なのは、商品の説明ではなく、商品の「価値」に気づかせることです。

プレゼンテーションを通して、「一生面倒を見させてくれ」とセールスパーソンがお願いするのではなく、「一生面倒を見てくれ」とお客様に言わせなければいけないのです。

お客様の欲求を実現するための問題があり、セールスパーソンはその問題を解決するのです。プレゼンテーションでは、**相手が期待していることをただ提示すればいい**のです。

「〇〇を使うとどうなるか？」「手に入れたときにどうなるか？」

トップセールスは、お客様が絶対に得をするというイメージを持っているので、問題の核心を見つけて、お客様の想像を超えていく話ができます。

「〇〇、ご存じですか？」

「知っているよ。〇〇だろう」（固定観念

「え？　それはどういうことですか？」

「いやいや、こういうことだろう」

「なんでそんなふうに思っているのですか？」

「いや、聞いたから」

「えー、まったく違いますよ」

と、相手のイメージを切り替えます。

「え？　どう違うの？」

「では、それをお話しいたしますね」

と、お客様の言葉に動揺することはありません。常にベストな提案を心がけているからです。

プレゼンテーションがうまくいくと、アプローチが自然にうまくなります。したがって、本章は一番重要です。

トップセールスにおいて、**プレゼンテーションが商品**です。クロージングさえいらなくなるプレゼンテーション術を学んでいきましょう。

問題がはっきりすれば、お客様からお願いされる

見込み客などに営業するとき、「何かお困りごとはないですか?」「何か必要なことはありますか?」というような言葉がよく用いられます。

もちろん、間違いではありません。お客様が困っていることを聞き、それに対して役立とうとしているからです。

ところが、お客様は初めて会ったセールスパーソンに「困ったこと」を明かすでしょうか。

答えは「NO」です。

明かさない第一の理由は、「困ったことを話したとたんに売り込まれるに決まっている」とお客様が思っているからです。

そして、もう一つの理由は、唐突に「何か困ったことはないですか?」と言われること

自体に困るからです。話を深めていくには、考えてもらうための準備時間が必要です。

ですから、これまでお伝えしたように、まずは相手の現状を聞きます。たとえば、住宅設備の場合、家の現状を聞くとしましょう。「キッチンをきれいにしたい」「今の状況に合うようなバリアフリーを設置したい」などの望んでいることや、「ここを直さないといけない」「この部分がいかれているな」などの問題を話してくれればいいのですが、そう簡単にはいきません。

なので、提案したい分野についての話題を振って、どんなことを考えているかを聞きます。考えているようでしたら、それについて深く聞きます。考えていないようでしたら、**問題を提起する**のです。**「こういうことってないですか？」「まわりではこういうことを聞きますが、いかがですか？」**と。

そして、**「頭の中で何か浮かびましたか？」**と話を振ります。「○○が浮かんだ」ということであれば、何かしらの問題を抱えている可能性が高いからです。

問題を話し始めたら、特に**重要な問題を絞り込んでもらいます。**

重要な問題がはっきりしたときに、**「それをどうすればいいと思っているか」**の**解決策を聞く**のです。最終的にその**解決策として、自分が持ってきたサービスを関連付ける**のです。

これに当てはまるケースとして、一度会っただけで、顧問契約を100%勝ち取る税理士がいます。もともと、大手税理士事務所にいた彼は、決算業務だけをしていて、新規の顧問先を獲得するための話など一切したことがありませんでした。

彼は顧問先ゼロの状態で独立。そこで必要なのは、顧問先を獲得する営業力です。顧問先になる企業を紹介してもらっても、どのようにプレゼンテーションをすればいいのか、どのように話をすればいいかが皆目わからなかったのです。

その彼の顧問先は現在200以上です。

彼は新規の顧客先獲得について、次のように言っています。

「今、新規のご紹介を受けても、まったく不安になることはありません。しっかりと話していると、先方から『ぜひとも面倒を見てほしい』と言っていただけます。契約率はほぼ100%だと思います」

彼は、紹介を受けると、挨拶や気軽な話をしながら、**「なぜ、今回は私どもと会ってみようと思われたのですか？」**と聞きます。

相手の経営者は「紹介を受けたから」と言い、その質問を受け流そうとします。そこで、「いくら紹介でも、**会う必要がなければこのような時間は取っていただけないと思うのですが。**何かありましたか？」とあらためて聞くのです。

そうすると、経営者の口から、ポロッと「じつは……」と本音が出てくるのです。それが、社長が望んでいることや現状の問題などです。これさえ聞かせてもらえば、あとは簡単です。そこから、詳しく話を聞かせてもらえばいいのです。そうすることで、現状の問題を再確認できます。

税理士なら、決算書を見ることで、問題と解決策を再確認し、自社でできることをはっきりと提案できるでしょう。

大事なのは、セールスパーソンの手によって、**何が問題なのかをはっきりさせること**です。

そうすることで、お客様は「この人が現れなかったら、問題はうやむやのままで、解決策も見つからなかっただろう」と考え、感謝するのです。

そして、これほど的確に導いてくれた人はいなかったと評価され、採用してもらえることになります。

セールスパーソンとは、物売りではありません。相手の役に立つために存在している職業であり、それは**「聞く」ことからしか始まらない**のです。

「この人に任せておけば、絶対に間違いはない」と、**問題（新しい価値観）に気づかせてくれて、解決の方法も教えてくれる**、これができるのがトップセールスなのです。

トップセールスは「なぜ会ってみようと思われたのですか？」と聞くことで初対面でも最高の提案ができる

商品を手にしたときの「価値」を感じさせることで楽に売れる

セールスパーソンには、まず商品の特徴を説明し、次に商品の効果や便利さを説明する人が多いようです。商品を売り込みたいという思いが強いからでしょう。お客様の状況や要望を聞く質問は、つい二の次になってしまいます。

一方、お客様は商品の価値が見えたときに購入します。自分にとって十分にメリットがあるとわかったときです。

トップセールスはよくわかっています。**大事なのは、見えているものではなく、その商品の価値**ということです。価値というと、価格の高い低いだけで判断されがちですが、決してそうではありません。価格が安いものでも、価値が高いものは必ずあるのです。

私は生協の営業指導を行っています。「生協組合員になりませんか？」と、組合員を募る営業指導です。生協は、全国にその名が知れ渡っています。マスコミを使った宣伝からの問い合わせに対応するだけでなく、自宅訪問やイベント会場、道端でも一般の人々に声をかけ、組合員を募るのです。

とある地域の一社に、トップセールスで素晴らしい人がいます。説明中心の営業でもトップでしたが、質問型営業を取り入れるようになり、営業成績をますます伸ばしていったのです。

彼のトークは質問によって**「価値」**を感じさせています。

「こんにちは。生協ですけど、ご存じですか?」

「ありがとうございます。ところで生協のカタログは見たことありますか?」

「ありがとうございます。そういう方にカタログを見てもらって感想を聞かせてもらっています。どうぞ」(そういって、さっと手渡す)

「見ていただいて、どうですか?　安いでしょう。安いだけじゃないんですよ」

「お魚なんか食べられます?　このサバなんかとっても脂がのっていておいしいんですよ」

「お子さんはいらっしゃいますか？　小さいですか？」
「そうですか。かわいい盛りですね。じゃ、おさかなの骨をとるのって、大変じゃないですか？　これ、全部取ってあるんです。いいでしょ～」
「こういう商品も載っています。このカタログをお渡ししますので、感想を聞かせてもらえますか？」

彼のトークを抜き出してみました。**安さだけでなく、商品の良さ、使いやすさ、便利さなどを伝えています。**お客様はカタログに載っている商品の魅力、価値を感じて、思わずカタログを受け取るのです。こうしてムダのないトークをしながら資料を渡し、次回訪問時に感想を聞くとよいでしょう。

生協のセールスパーソンとのやり取りで価値を感じたお客様は、家に帰ってカタログを熱心に読み始めるのです。結果として、次にお伺いしたときに会員になってくれるという流れなのです。

彼の成績は毎月ダントツです。

全セールスパーソンの平均の3倍、成約率は2倍です。しかも、それを楽に達成しているのです。他のセールスパーソンは、このすごさに気づいていません。

彼のトークは**お客様が商品の価値を感じるように、緻密に組み立てられている**のです。お客様への声のかけ方から始まり、質問のタイミング、共感の仕方に至るまで、すべてが計算されています。

自分が提案しているものは必ずお客様の役に立つはずだと確信を持って売っているからこそ、このような結果になるのです。

価格が安かろうが高かろうが、トップセールスは常に商品の価値を売っています。その価値を手にしたときの充実感、楽しさ、嬉しさ、快適さなどをお客様に想像させて、お客様が自ら購入へ進むように話しているのです。

トップセールスは
会話の端々で
商品を手に入れたときの
メリットをイメージさせる

相手のために行動すると、後ろめたさが一切なくなる

「媚びへつらわない」のが、すべてのトップセールスの共通点でしょう。なぜ、トップセールスは媚びへつらわないのでしょうか。

商品を買ってもらうのはあくまでも結果であり、まずは**自分が出会うお客様に必ず喜んでいただくということに自信を持っている**からです。

つまり、相手のために面会があるのです。

反対に、なぜ、媚びへつらうセールスパーソンがいるのでしょうか。

彼らは結果を求めているのです。彼らは商品を買ってもらいたいという気持ちが強いため、相手に話を聞いてもらえるよう、つい下手に出てしまいます。

つまり、自分のために面会があるのです。

「セールスは何のためにやっているのか？」。セールスパーソンはこのことをわかっていなければいけません。

結局、セールスは、「自分のためか？」「相手のためか？」のどちらかしかないのです。自分のためであれば、相手に買ってもらうために、自分を気に入ってもらうよう、下手に出ます。

相手のためであれば、自分のことは関係ないので、正々堂々としていられます。自分がどう評価されても関係ありません。買ってもらう、もらわないはあくまでお客様が判断するもの。相手のために話をするので、後ろめたいことは微塵もありません。

これをわかっているのがトップセールスです。そして、こんな簡単なことを突き詰めていくだけで、突如トップセールスにもなれるのです。

名古屋にある燃料系会社のセールスパーソンは、これがわかってから飛躍的に売上を伸ばし、トップセールスになりました。

彼は新卒で入社し、燃料を省力化する設備を工場などに売る仕事をしていました。ところが、新卒で入って7年間、1件の売上も上げることができなかったのです。

私は彼が勤務する会社から営業指導を頼まれ、彼の営業に同行することにしました。

まずは、どのようにやっているかを隣で見ました。

「こんにちは。私、○○という会社の□□と言います。燃料の省力化のことで伺いましたが、担当の方はいらっしゃいますでしょうか？」

私は彼の姿勢を見て、一発で問題を見抜いたのです。

問題は、彼の営業先での行動にありました。下手に出た、媚びへつらうような姿勢で訪問していたのです。まさに、自分のために行っていた典型的な営業でした。相手は物売りのような印象を持ち、本当に役立つ重要な提案を持ってきているとは思えなかったのです。

予想通り、受付で「担当者は出払っていますので」と断られました。軽くあしらわれるような対応をされたのです。そこで、私はこうアドバイスをしました。

「胸を張って堂々と。私たちは自分のために提案しているのではなく、相手のために提案しているんだよ」

彼は唖然とした顔で立っていました。「自社のためでなく、相手のために」と言われてもわからなかったのでしょう。

しかしこのアドバイスのあと、彼は胸を堂々と張って落ち着いた様子で、重要な話を持ってきたという雰囲気を醸し出して訪問したのです。すると、どうでしょうか！　今まで3件連続で断られていたのが、それ以降、7件連続で話を聞いてもらえるようになりました。そのときに発していた言葉が、**「私どもは経費の2割削減を目標にお手伝いしております」**でした。

なぜ、彼の話を聞いてくれるようになったのでしょうか。ポイントは重要人物が来たように思われたことです。「部長クラスが来たと思った」と勘違いしたのか、受付で無下にできない存在だと思われたのでしょう。アポイントを取らずに来たにもかかわらず、来賓級の扱いをされたのです。

これに一番驚いたのが彼でした。飛び込み営業の自分に対して、各担当者がしっかりと対応してくれたのですから。それも7社すべてです。この1日が、彼の営業人生を変えたと言っても過言ではないでしょう。

たった1日で営業に自信を持った彼は、「どこまでも相手のために。胸を堂々と張って」を合言葉に、1件1件しっかりと話をするようになっていきました。

それから3か月後、3件の契約を決めたのでした。そのうちの1件は同行したときのもの。さらに3か月後、予算の5倍に当たる売上を上げたのでした。

「自分のために」から「相手のために」に切り替えただけで、話の重要感が増し、相手の話をしっかりと聞いたうえで、堂々と落ち着いて話すようになり、話す言葉も変わりました。

「省力化についてご提案させていただけませんか。お話を聞いてもらえませんか」

↓

「私たちは省力化についてご提案いたします。よければお話を聞いてみませんか？」

「燃料の削減ができると思うんです」
↓
「もし燃料が2割削減できたらどうですか？」

この違いがわかるでしょうか。彼の**プレゼンテーションから「お願い」がなくなりました。常に主導権を握るようになった**のです。

下手に出る人はいつまでたっても態度が変わらないので、話す言葉も変わりません。そういう人に話し方を変えさせようとしても時間がかかるだけです。**雰囲気を変えさせることで、プレゼンテーションの仕方が変わっていく**のです。そして、門前払いの対象から、話を聞かなければいけない対象へとお客様の見る目が変わっていったのです。

知らなかったことを知って実行するだけで、こんなにも変わるのです。

このように、トップセールスは媚びへつらわず、相手のために、その分野の専門家として、毅然とした態度でお客様に接しているのです。

トップセールスは
「もし○○できたらどうですか？」と
自分のためではなく、相手のために
胸を堂々と張って提案できる

一流の役者のように、感動を演出できる

「セールスパーソンは役者である」

私はセールスパーソンに伝えています。セールスパーソンは、あくまでもお客様の望む姿でお客様の目の前に立っているべきです。それも、相手を引き寄せることのできる一流の役者としてです。

受講生から「どのような質問をすればいいですか？」とよく聞かれるのですが、実際のところは、**「どのように質問すればいいですか？」**が正解なのです。**質問の内容よりも、お客様に対してどのような表現で質問するかが重要**なのです。

言葉を変えると、**「セールスパーソンは地の自分でお客様と接してはいけない」**ということになります。お客様の望むような人物になるのです。

では、お客様の望むような人物とは、どのような人でしょうか。

自分の気持ちに寄り添ってくれて、自分の感情を汲んでくれる。わかってもらえる、味方になってくれる人物です。

これを見事に演じるトップセールスがいます。大手保険会社の代理店に勤めているトップセールスです。彼は人の話を聞く姿勢が尋常ではありません。

彼はお客様との最初の面会で、相手のことを聞くところから始めていきます。

「相手がどのような人生を歩んできたのか」「どのようなことを思い、考えているのか」をまず理解しようと努めるのです。相手が社長であれば、

「なぜ、社長は会社を作られたのですか？」

「どのような歴史が社長にはおありになるのですか？」

こんな話から入ります。当然、一つや二つ苦労話が出てくるでしょう。苦労話だけでなく、感動の話もあります。

そのような話が始まると、彼は**「いいお話ですね」と感動する**のです。そして、彼の目には涙が浮かびます。

目の前のセールスパーソンが自分の話で感動してくれると、当事者である社長は悪い気

がしません。自分の話でこんなに感動してくれる人がいるとわかって、話に熱が入るのです。

「社長は、そのあとどのようにされたのですか？」

「それで、じつはね……」

「なるほど、それは大変でしたね……」

その話が佳境に入ったときや盛り上がったときに、彼は感嘆の言葉とともに、思わず涙を流すというのです。

それを見た社長は、自分が話した内容で涙するセールスパーソンにものすごく感激してしまいます。

そして、涙を流して聞いてくれたセールスパーソンのことを大好きになり、彼と今後もずっと付き合いたいと思うのです。その後、彼の提案を受け入れ、契約へ。それだけではありません。セールスパーソンである彼とまた話をしたいと、電話をかけてきては、「次はいつ来てくれるんだ」と聞いてくるというのです。

セールスパーソンが呼び出される状態になるのですから、まるで社長が骨抜きにされたような状態です。

このような関係を築けた決め手は、「最初の面会のときの彼の目にたまった涙」と「そこからあふれ出た涙」と言えるでしょう。

このようにすれば、お客様は喜ぶというのは事実であり、意図的にそのようにやっているのでしょうが、実際、彼自身はそのときに本当に感動しているのです。

役者は自分を俯瞰するように見るといいます。「演技をしている自分と、離れた場所から見ている自分がいる」ということを聞いたことがあります。彼がやっているのはまさにそういうことで、役に入り込んだ自分と俯瞰している自分を持って、お客様に喜ばれるように演じ切っているのです。

とはいえ、涙を流すことができるセールスパーソンはそうはいません。演じる自分をどのように作っていけばいいのでしょうか。

お客様に感情移入する方法があります。

①相手の歴史を聞く

「なぜ、会社を作られたのですか？」「どのような人生を歩んでこられたのですか？」

②相手の苦労話を聞く

「どういうところにご苦労がありましたか？」「大変だったことは何でしょうか？」

③共感する

「そうなんですね」「大変でしたね」

④感動する

「すごいですね」「びっくりしますね」

このように、一連の流れがあります。順番にやっていくと、本当に感動できます。

心を動かされるのは、相手が自分のことで感動しているときです。その姿を見たときに、「自分の話に感動してくれてうれしい。自分も本音で話したんだな」と感じるのです。そして、**「本音で話してもいい＝人生を預ける」**になるのです。セールスパーソンがお客様の心を開かせた瞬間でもあります。

彼のすごいところは、相手が何をすれば喜ぶのかを知っていることです。自分が恥ずかしいとか、そういう気持ちはありません。応対している時間は、相手のためにあるからです。**短い時間で、感動ポイントを「プレゼンテーション」で探しているの**です。お客様のために、どこまでも自分を演出しているのです。

泣くことがいいとは思いませんが、**お客様の世界に入り込むことで、お客様に感情移入することが大事**です。彼もこのようなことを行ってきて、今の地位についたのです。したがって、あなたがトップセールスを望むのなら、ぜひとも行わなければならないことなのです。

トップセールスは「大変だったことは何でしょうか？」とお客様ヒストリーを聞き涙を流すくらい感情移入ができる

第4章

トップセールスは契約で追い込まない！

「クロージング」とは何か？

お客様が商品の価値を確認し、納得し、最終の申し込みをする段階です。ここで大事なことは、**お客様が買うために、自ら「欲しい！」と言わせること**です。

では、クロージングで気をつけることは何でしょうか。

セールスパーソンの多くは、お客様の気持ちが高まっていないのに、契約させようとしがちです。

当然、「考えさせてください」と言われてしまいます。耳にタコができるほど、聞いてきた言葉でしょう。

クロージングの潮時、ここがわかるといいですね。どこで仕掛けるか。お客様をほったらかしてはいけません。きちんと、最後までナビゲートをするのです。

「（話を聞いて）役立ちそうですか？」
「どういうところがいいですか？」
「進めていきたいというお考えですか？」
「では、具体的にしていきましょうか？」

このような質問で、お客様の気持ちを高めていきます。

「うーん」と、お客様がまだ判断を迷っているとしたら、**「どこか引っかかっているところがありますか？」**と、はっきりと聞きます。

逡巡しているポイントを聞いて、「なるほど、そういうことですね」と共感し、**「では、それについて、お話ししましょうか？」**と、あくまでも契約することをゴールに話をするのです。

この一連の作業ができるのも、トップセールスは、クロージングすると決めているからです。買ってもらえるかわからないという考えは微塵もありません。あなたは次の2つのうち、どちらの質問をするタイプですか。

「躊躇する理由があるんですか？」

「何がダメなんでしょうか？」

同じことを言っているように聞こえる質問でも、この差がはっきりわかっていれば、難しく考える必要はありません。では、トップセールスのクロージング術を見ていきましょう。

最高のクロージングは、お客様に商品の良さを語らせる

「プレゼンテーション」から「クロージング」に移ります。

クロージングに入る前に大事なことは、本当に**「お客様は納得し、提案した商品を採用したいと思っているか」**です。

さらに、**「商品がお客様の要望を叶え、問題を解決するものになっているか」**です。

それを知るには、お客様の考えを聞くことです。プレゼンテーション終了後に、商品について、「どのように感じるのか」「どのように思うのか」「何がよかったのか」「役立ちそうか」「何かわからないところはないか」など、**いいところだけを引き出すように徹底的に聞く**のです。

お客様の率直な感想を聞かせてもらうことに意味があります。これは、**お客様が商品の**

良さをセールスパーソンに伝えていることになります。この瞬間、**二人の立場が入れ替わっている**のです。

私の指導した人に、外国車を販売する人がいます。彼は入れ替わりの重要性を非常によくわかっています。

彼はお客様の話を徹底的に聞かせてもらいます。そして、お客様が欲しがっているものを確かめるのです。

お客様の試乗後、彼は感想を熱心に聞きます。

- 乗り心地はどうだったのか？
- 自分の要望にかなっているのか？
- 購入したあとの自分のライフスタイルに、この車はマッチしているのか？
- たとえば、どのように使えそうか？
- なぜいいのか？

などを掘り下げて、徹底的に聞くのです。正直な気持ちを聞いて、**「本当にお客様に満足してもらえるのか？」**を確かめます。

また、お客様の一言一言に質問するのです。

たとえば、「乗り心地がいいね」と言ったら、**「それはなぜですか？」**と聞き返します。

最終的に、「お客様はこの車を絶対に欲しがっている！」という確信を持てるところまで聞き続けるのです。

そのうち、「この車が欲しくて買う」という表現をし始めます。「いいね」「楽しそうだね」というポジティブなワードが出てきたら、「購入するかどうかは、お客様の判断です」と言っても決まるでしょう。

セールスパーソンが、お客様の一言一言に耳を傾けることは重要です。聞き返した結果、お客様がセールスパーソンに対して話す内容は、**「なぜ私がこの車を必要とし、買わなければいけないのか？」をプレゼンしているようなもの**だからです。

それがまさに、トップセールスが行っているクロージングです。

たとえお客様が「他のディーラーでも車を見てみたい」と言っても、「そのような気持ちになるのは当然ですね。重要な買い物ですから」と、何の心配もなく送り出すことができるでしょう。

なぜなら、「自分が紹介した車以外に気に入る車はない」という確信を持っているからです。案の定、ほとんどのお客様は戻ってきます。もし、戻ってこなくても、申し訳なさそうに電話をしてくるとも言っていました。

「もう少し、ゆっくり考えたい」と言うときには、「どうぞ、しっかりと考えてくださいね」と時間を与えるそうです。なぜなら、与えた時間によって、ますます欲しくなるという確信を持っているからです。

トップセールスは「なぜ私が買わなければいけないのか？」をお客様自身に言わせて購入する意思を固めさせている

見切り発車せず、相手から「欲しい！」と言わせる

クロージングでは、「強引に契約に入っていかない」ことです。

トップセールスにとってのクロージングとは、「**お客様が納得して、自ら契約に入っていくように仕向ける**」ことです。

普通のセールスパーソンにはこれがわかりません。クロージングでは、押して進むように話をしていかなければいけないと思っているのです。

なぜ、このように思うのでしょうか。おそらく、そうしないと「お客様は動かない」と思い込んでいるからでしょう。

そうではありません。**人は「いいと思えば、自ら動く」**のです。

自分が営業をされているところを想像してみてください。セールスパーソンが勧めれば

勧めるほど、心が拒否反応を示すでしょう。

セールスパーソンが行うことは、**お客様に必要な情報を与えて、購入に導くこと**です。辛抱強く待っていれば、自ら購入へと必ず動くのです。

この原理原則を活用し、確実にクロージングしているトップセールスがいます。

彼は不動産仲介業です。以前の契約率は3件に1件でしたが、私が指導してからは、案内すればほとんどが決まるようになったとのことです。

なぜ、変わったのでしょうか。

案内時に見切り発車ワード「もうなくなりますよ」「申し込みしませんか?」を決して言わず、お客様自らが「この家を欲しい!」と言うまで、いろいろな物件を案内し続けるようになったからです。

彼はお客様が来店されたとき、次のように対応します。

「いらっしゃいませ。今日はどのようなご用件ですか?」

「了解しました。ところで、今回はご自宅ですか?」

「そうですか。なぜ、ご自宅を購入したいのですか？」

理由を聞いて、家族の話を聞いていきます。

「そうなんですね。他のお店は回っておられますか？」

「いい家は見つかりましたか？」

「今回ご指名の家はどこを気に入っておられますか？」

真剣度合いを図るために質問し、指名した物件の気になるところを言ってもらいます。

「では、今からご案内させていただきますが、ご案内する家で決めないと、と思わないでくださいね。何件でも、ご自身が納得いくまで見ていただいて結構ですからね。とにかく、お望みの家を見つけましょう」

このように言って、現地に向かいますが、道中、家族のことや仕事のことなどをさらに詳しく聞きます。

心を開く人、そうでない人とさまざまいるようですが、どのお客様にも等しく丁寧な態度で接するのです。

物件が決まらないときもあるのですが、決して嫌がらず、そのあとも喜んで何件でも案内するのです。

すると、他の物件の案内でも彼を指名し、最終的に彼と契約するのです。

彼は、次のように言っています。

「案内のポイントは、**家ではなくて、自分を指名してもらうようにすること**です。来店から、物件を見て帰られるまで、早くて30分です。この間にいかに親しくなるかが勝負。そのために**『家を買いたい理由』と『個人的なこと』を聞き出して、親しくなる**のです。そうすれば、絶対に私を指名していただけるということがわかりました」

物件を売ろうとするのか、自分を売ろうとするのかです。

特に、高額の商品の買い物は、お客様が慎重になるのは当たり前です。ところが、売れないセールスパーソンは高額な買い物だからこそ一度売ったら、その後の付き合いはないだろうと考え、その場で売り切ろうとします。結果、そのような売り急ぎの態度が伝わり、お客様はその人から買いたくなくなるのです。

お客様は物ではありません。心を持った人です。

お客様に満足してもらった商品を手にしてもらい、活用してもらう。そして、今後の人生を幸せに過ごしてもらうところまでを考えるのがセールスパーソンの役目です。

それをわかっていれば、セールスパーソンの態度や言葉、雰囲気が、お客様に寄り添ったものになるのは当然のなりゆきです。お客様はそこに気づくからこそ、指名するのです。

指名されるということは、「欲しい」という本音の表れであり、絶対決まるので、お客様にとことん付き合えばいいだけなのです。

トップセールスは「買いたい理由」と「個人的なこと」を聞き出し、指名される人間関係をつくる

テストクロージングを使い倒す

クロージングで重要なのは、**「目の前のお客様が購入に対して、どれくらいの気持ちを持っているかを見極める」**ことです。

購入への気持ちが強ければ、「なぜ、そのような気持ちを持ったか」を聞き、先に進めていくことができます。

反対に気持ちが弱ければ、「何が障害となっているのか」を聞き、その解決に乗り出せばいいのです。

このように、クロージングに入るには、お客様の気持ちを推し量ることが極めて大切です。この気持ちを確かめることを、**「テストクロージング」**といいます。

テストクロージングは、クロージングに入る段階のみで使うわけではありません。セールスを確実に進めていくために必要なものです。

テストクロージングができない人はセールスができないと言っても過言ではありません。トップセールスの会話を聞いてみると、「アプローチ」「プレゼンテーション」「クロージング」のどの段階においても、テストクロージングを巧みに使っています。**テストクロージングができる者がセールスを制する**のです。


この節では、「テストクロージング」について、詳しくお話しします。

トップセールスは、テストクロージングを「アポイント」から「アプローチ」、「アプローチ」から「プレゼンテーション」、「プレゼンテーション」から「クロージング」へと進むためのトリガーとして利用しています。

▼アポイントからアプローチへ

アポイントが取れれば、面会の約束をし、アプローチをすることができます。

そのため、多くのセールスパーソンはアポイントを取ることに必死になるのです。

ところが、この必死さがセールスパーソンを狂わせるのです。

アポイントとは、提案したい商品に対して、何らかの興味や関心を持っている人に対して行うものです。アポイントが取れる人に行うものではありません。

時間がある人、話が好きな人、愛想のいい人などにはアポイントが取れるでしょう。ただ、そのような人にアポイントを取っても意味がないのです。時間をただ浪費して、購入についての話は一向に進まないのです。とりあえず、アポイントを取れればいいやと考えている人には、耳が痛い話ではないでしょうか。

そこで、この段階で、「テストクロージング」が活躍します。**「○○について考えるようなことはありますか?」「どのようなことを考えていますか?」**などの質問をして、そのことについて考えている人や、多少なりとも興味・関心のある人にアポイントを取るのです。

そうすれば、確実に見込みのある人に会えます。

アプローチからプレゼンテーションへ

アポイントが取れれば、面会でアプローチを行います。このアプローチで、普通のセールスパーソンは「お忙しいなか、お時間を取っていただきありがとうございます。お時間もないでしょうから、さっそく私どもの話をさせていただきます」と言って、すぐに本題に入ろうとするのです。これが大間違い。

お客様は少しでも関心がある、興味を持っているから面会をしたわけです。それがどのような考えか、どのような興味なのかを具体的に聞き、自分の提案したいことが役に立つかを確かめなければいけません。そうしないと、このあとの時間がムダになるからです。

会話のポイントは「直面」です。セールスパーソンがお客様に質問し、お客様が質問に回答することで、現実を見つめてもらうのです。

たとえば、体重を気にしている人は、体重計に乗ることで、現実に直面し、あらためてなんとかしないといけないと感じます。それと同じように質問には現実をしっかり見つめてもらい、感じてもらう効果があるのです。

ここで、**「解決を望んでいますか？」「それはどれぐらいの気持ちですか？」「その方法があれば、聞いてみたいですか？」**というテストクロージングを行うのです。

聞いてみたいとのことであれば、プレゼンテーションに入り、さらに感想を聞き、**「取り組んでみたいですか？」**と、再びテストクロージングを行うのです。

聞いてみたくないのであれば、その理由を聞き、先に進めるかどうかは、セールスパーソンが決めればいいのです。

また、お客様はセールスパーソンからテストクロージングを受けることによって、自分の素直な気持ちを言うようになるのです。

▼プレゼンテーションからクロージングへ

プレゼンテーションを聞き、クロージングの手前まで来ているということは、興味があり、検討し、購入について考えているということです。もし、そうでなければ、この段階まで、時間をかけて進んでいないのです。

トップセールスはお客様の気持ちをよくわかっています。だからこそ、テストクロージングでお客様の気持ちのレベルを判断しながら、堂々とクロージングへと進めていけるのです。

「今までの話を聞かれてどのように思われましたか？」「なぜそのような感想を持たれたのですか？」「ご自身にどれくらい役立ちそうですか？」と聞きます。

このように、トップセールスは**テストクロージングを常に使い、お客様の気持ちを確かめながら話を進めていく**のです。

クロージングが得意な人はそんなにいません。クロージングをしたときのお客様の反応が弱いと動揺してしまい、セールスを進めることができなくなります。そこからどう対処すればいいかがわからなくなるからです。

ですから、お客様の気持ちを測る「テストクロージング」が有効なのです。常に相手の気持ちを聞き、見極めながら話を進めていきましょう。

お客様が必要と感じていて、セールスパーソンもその商品がお客様の役に立つと確信を持てれば、「お客様が必要とするならお売りしましょう」というスタンスをとることができます。

それは、どのような商品であろうが、それを活用し、役立てるのはお客様であるという考えをしっかりと持っているからです。

テストクロージングは、クロージングと違い、断られることはないので、断られるのを苦手に感じている人は、どんどん使っていきましょう。

トップセールスは
テストクロージングを常に使って
自らクロージングを仕掛けない

役立たないと感じたら思い切って断る！

トップセールスは、**お客様の話を聞いて「役立たない」と感じた場合、自分のほうから断ります。**

なぜ断ることができるのか。「何のためにセールスを行っているのか」が明確だからです。

セールスは、どこまでいってもお役立ちのために行うものです。セールスパーソンの役割は、解決策として、自分の持っている商品を提案することです。

これに気づき、トップセールスになった女性がいます。彼女は、求人広告の営業をしています。

求人広告というのは、いい人材が欲しいから出すものです。

ところが、「いい人材を見つけたい」けれど「費用はなるべく抑えたい」という考えを持って問い合わせをする広告主が多いのです。

彼女はお客様の両方の要望に応えることが正しいやり方であると誤解し、費用を抑えた小さな広告で、いい人材を集めようとしていました。

掲載期間が終わり、結果を聞いてみると、「いい人材が集まらない」「投資したのに大した効果がない」などという不満を口にする企業が多かったのです。

しかし、投資した金額、内容、スペースなどから考えると、妥当な結果だと思われました。このようなことが日常茶飯事のように起こり、彼女は仕事のあり方に疑問を持っていました。何よりも広告主の費用が少なく、細かな広告が多いため、その作業の煩雑さもあって嫌気がさしていたのです。

そんなときに、**「何のためにセールスをしているのか？」**をあらためて考えなおすために、研修に参加されました。そして、今のままだと、「お客様のためにならない」という考えに行きついたのです。

そこで、まず**「お客様は広告を出すことで、どうなることを望んでいるか？」**を徹底的に聞くことにしました。「絶対にいい人材を集めたい」という場合は、次のことをはっきりと伝えることにしたのです。

①いい人材が欲しいなら、大きなスペースを確保する費用が必要
②掲載期間も、いい人材が見つけられるまで、延ばす必要がある
③広告の反応を見て、手直しをし、よりよい広告にする必要がある

この3つのことを最初にはっきり伝えて、了解してもらえない場合は、思い切って断ることにしたのです。

これは大変勇気のいることでした。いい人材を集めるために、3つの条件を提示して、クライアントにそれに同意してもらえるかを聞くのですから。条件をのめないクライアントは、当然他の広告会社に行ってしまうでしょう。

彼女はそれでもいいと思い、実行したのです。

しばらくして、彼女に転機が訪れました。

ある大手企業の人事部担当者が面会の中で、「あなたの言われることはよくわかります。当社もいい人材が欲しい。ですから、当社も御社と仕事をしたい。しかし、当社としては、合い見積もりをとり、そのうえで、稟議を通さなくてはならないのです。ですから、見積もりを持ってきてください」と言いました。

大手といえどもやはり費用を抑えたいのだろうと思いながら、要望通り見積もりを作り持っていくと、他社と比較することなく、見積もりを見た瞬間、担当者は「わかりました。御社とやりましょう」と即決したのです。

驚いた彼女が理由を聞いてみると、「先日の話を聞いて、御社に決めようと思っていました。条件をはっきりと言う人はいないですから。じつは、上司にもすでに内諾をもらっていたのです」と言われたのです。

この担当者の言葉を聞いて、彼女はお客様の要望をしっかりと聞き、それを叶えるための条件をのんでもらうことが、いかに重要かがわかったのです。そして、この件以降、自信を持ってお客様の要望を聞き、それを叶える条件をしっかりと伝えることにしました。

そうすることで、この条件で広告を出したクライアントから「いい人材がとれた」という反響と感謝の言葉を数多くもらえるようになったのです。

その結果、1件当たりの単価が大きくなり、細かい仕事も減ったのでした。

成績も急激に上がり、会社で決められた目標も達成し続けて、社内で最優秀セールスパーソンに選ばれたのです。

それだけではありません。仕事一辺倒だった日々から解放されました。家族との時間がとれたり、趣味を楽しむ時間も増えたりと、余裕のある生活ができるようにもなりました。


「まずは相手の要望をよく聞く。そのうえで、役立たないと思うならこちらから断る」「役立つと思うなら、それを叶えるための条件を伝えて、それに同意してもらえるかを確認する」というのは、セールスパーソンにとって、本当に勇気がいることです。

しかし、そこまでしなければ、本当にお客様に役立つ提案はできないのです。

トップセールスは**「役立つこと」を基準にセールスを行っている**のです。役立つためにセールスを行い、お客様に必要ないと思ったときは、自ら断ることもしていいのです。

トップセールスは

「何のためのセールスか？」を考え
役立たないと思うなら断り
いいかげんな仕事をしない

「もう少し考えさせて」から、一気に契約につなげる方法

契約のタイミングは、お客様が商品に対して、「これは私に必要だ」「これで問題を解決できる」と判断できたときです。

しかし、たいていはそううまくいかずに、お客様は「本当に間違いないのか」「うまく活用できるのか」と悩み、「もう少し考えさせて」などと言ってしまうものです。

これは、お客様が対価である費用の支払いを躊躇するからです。

トップセールスはお客様の判断が最後の最後で鈍らないようにする、「お客様が契約に進む技術」を持っています。

10年のキャリアを持ち、会社でもトップの成績を誇っているリフォームのセールスパーソンがいます。

彼はセールスについて、こう言っていました。

「商品というのは、必要だから購入するのです。お客様自身がよくわかっているのです。ですから、**どれを『いつ』買うかが一番のテーマ**なのです」

お客様は快適に住み続けるために、「いつか」はリフォームをやらなければいけないと、自分自身でよくわかっています。セールスパーソンの役割は、そのことをはっきりと自覚させ、「今、すぐやる」という判断を下す手助けをすることです。

私が同行させてもらったときのことです。その日は契約をする日でした。

ところがお客様のところに訪問したとたん、次のように言われたのです。

「○○さん、リフォームをもう少し待ってくれる？　あと半年ぐらい時期をずらしたいと思ってね」

「どうしました？」

「以前、お伝えしたと思うんですが、孫が結婚しましてね」

「よかったですね。おめでとうございます」

「それが思わぬ費用がかかってね。リフォームのために用意しておいたお金まで使っちゃったのよ」

「そうですか。でも、それはうれしい出費ですね」

このように答えた彼に、焦る様子は少しも見られませんでした。それよりも、むしろ結婚式のことを喜んだのです。

「どんな結婚式だったのですか?」「お孫さんのお嫁さんはどんな方だったのですか?」「結婚式に出席して、どんなことを感じられたのですか?」などとしばらく聞いて、そのときのことを、まるで一緒に出席しているような感じで喜んだのです。

そして、話が盛り上がったとき、ふと思い出したように、次のように質問したのです。

「ところで、お孫さんとお嫁さんはこちらのご自宅にも来られるのではないですか?」

「あらっ、そら、そうだね」

「もしそれでしたらどうでしょうか? こちらの家を見て、どう感じられますかね……」

「そうだわね。やっぱり家はきれいにリフォームしておいたほうがいいわね」

「そうですね」

「そうね……。じゃ、やっぱりリフォームをお願いしようかしら」

という流れになり、お客様は半年延ばそうと思っていたリフォームを「やはり、今、やろう」と決めたのです。

さらに、ここからがお見事でした。

「でもね。2年前に亡くなったお父さんの部屋がそのままなのよね。なかなか片付けられなくてね」

「そうなんですね。優しい方だったというお話でしたね」

「そうなのよ。2人の思い出の品もいろいろあってね。それを思い出すと、片付けるのがついゆっくりになってしまうのよね」

「それはそうですよね。長年、一緒にいらっしゃったのですからね……。そうしましたら、いい方法が2つありますよ」

「何？」

「解決策は2つあります。一つはリフォームの日を決めて、それまでにお品を一気に片付けることです。日を決めたら、やはり、それまでに片付けられるじゃないですか」

「なるほどね」

「そして、もう一つは、お荷物を丁寧に段ボールなどにすべて詰めて、きれいな部屋になってから、ゆっくりと片付けるんですよ」

「そうよね……。このままでは、いつまでたっても進まないものね。じゃあ、ひとまずしまって、後でゆっくり片付けるわ。やっぱり、リフォームをお願いするわ」

「わかりました。費用のほうはどのようにされますか。分割もありますが」

「いいえ、まだ蓄えもあるんでそちらを使いますわ」

というふうに、その場で契約になり、予定通りの日で決めることができたのです。何よりも、お客様は、資金を余分に持っておられたのです。


まさに、トップセールスの見事なクロージングを見せてもらいました。

私はお客様の家を出たあと、「よくあれだけ落ち着いて話をし、契約に持っていかれましたね」と話しました。すると彼は、「いいえ、このようにお客様が最終段階で躊躇されることはよくあるんです。でも、よく話を聞いていると、『**提案できるポイント**』がいくつもあるんです。何よりも、お客様自身が、リフォームをやらなければいけないことがわかっていました。だからこそ、必ずクロージングに持っていけると思いました」

彼が言っている「提案できるポイント」とはどこか、皆さんわかりましたか？

「リフォームのために用意しておいたお金まで使っちゃったのよ」と**「なかなか片付けられなくてね」**です。

この2つの共通項は、否定的な事柄を述べていることです。そして、彼の優れたところは、その**否定的な事柄を肯定したこと**です。

孫の結婚式にお金がかかったことや、亡くなったご主人の思い出の品が片づけられないという話を通して、「だからこそ、今、リフォームをやったほうがいい」と、お客様に気づかせているのです。

しかも彼はクロージングを迫るのではなく、「お客様に寄り添い、一緒に考える」というスタンスをとっていました。

トップセールスは、**「今しなければいけない理由」をわかっている**のです。お客様もまた、「今やらなければ延びる」ことをわかっています。ですから、「いつやるか？　今でしょ」のスタンスで臨むと、お客様から断られる理由がなくなるのです。

トップセールスは
やらない理由をなくしてあげることで「今」やることがお客様の幸せだとわかっている

第5章

トップセールスはお客様に営業してもらう

「フォローアップ」とは、お客様がお客様を紹介するスタート地点です。

フォローアップを通して、自分のやっていることに自信を持つことができ、セールス力を強化できるのです。何よりも、**「営業としての役割を果たしている」ことを確認できる**のです。

売ることが目標になっているセールスパーソンは、フォローアップをしません。そもそも、発想にないのです。

フォローアップをした人にしか、フォローアップのすごさはわかりません。できるセールスパーソンはファンをつくり、ファンから紹介をいただけるようになるのです。

営業を始めた段階では、新規開拓にかける時間はいっぱいあります。しかし、お客様が増えてくると、新規開拓にかける時間がなくなります。そのため、お客様から紹介をしてもらわないと続かないのです。フォローアップができない人は、セールスが苦しくなっていきます。

また、お客様に喜んでもらうと、自分の仕事に価値を見出せて、元気になる効果があります。フォローアップは**「モチベーションのもと」**でもあるのです。

私は、「売上を上げるよりもフォローアップをしたほうがいい」と常々、言っています。けれども、上司がやったことがないと教えてもらえないし、許可をしてくれない。これが、セールスパーソンのウィークポイントです。営業するか、フォローするかで苦労している人もいます。

しかし、トップセールスは、フォローアップに力を注いでいます。フォローアップが**「セールスの信念」をつくる**からです。

営業を続けられる秘訣は、フォローアップにあり。**究極のゴールは「紹介」と「追加販売」だけでまわし、新規開拓をしなくて済むようにすること**です。

そして、トップセールスについているお客様は、「紹介してください」という言葉を投げかけなくても、**勝手に紹介してくれる**のです。

これまでの付き合いを通して、自分のために尽くしてくれていることがちゃんと伝わっているから、お客様はこの人のために、なんとかしたいと思うのです。

商品を買わされたと思うのではなく、助けられたと思っています。このような人間関係をつくるためにも、フォローアップは欠かせないのです。

売ったあとが、真のスタートである

「売ったあとが、真のスタートである」

この言葉の意味をわかっているセールスパーソンが一体どれぐらいいるでしょうか。100人中1人いるかいないかではないでしょうか。

私は数多くのセールスパーソンを見てきました。

その中に、新規開拓を中心にやっている優秀な人たちがいます。彼らは勢いがあり、セールス技術にも長けています。

ただ、なんとなく焦っていて、余裕がないように感じます。常に時間に追われているように見えるのです。

一方、フォローアップを行いながら、既存のお客様から、追加で申し込みをいただだたり、紹介をいただいたりして、販売を行っているセールスパーソンがいます。

彼らは勢いで売るというよりも、どこか余裕のある、落ち着いた感じ。人との触れ合いを楽しみながら、セールスをしていました。

一見、どこにでもいるようなタイプで、「この人、本当にセールス？」という感じの人もいました。

やがて、その差が明らかについているのがわかりました。

はたから見れば、前者のセールスパーソンのほうが、売れている人間のように見えますが、じつは後者のタイプにトップセールスになる人が多いのです。

新規開拓中心の人は成績に多少ムラが出てきたり、息切れ感があったりします。一方、**フォローアップ中心の人のまわりには常に人が集まるように。成績も前より向上している**のです。

やはり、**お客様のフォローをするほうが、楽に売上を上げられるようになっている**のです。

なぜなら、**お客様はトップセールスにフォローされることで感謝し、彼らに報いたいと思う**からです。

結果、そうした**お客様から新規のお客様候補を紹介されるようになる**のです。

そして、それを仕組み化しているのがトップセールスです。

トップセールスの多くは、売ることを終着点にしていません。むしろ、売ることがスタート。役に立つということが、セールスの喜びであり、セールスの存在価値であることをよくわかっているのです。

私が過去に指導した企業の中にも、お客様のフォローを徹底的に行い、抜群の成績を上げているトップセールスがいました。不動産の土地活用の仕事で、アパート経営などの提案をしていたのです。

彼は2~3か月に1件決まればよしとする世界で、月に1件は受注していました。

ところがその営業活動はベールに包まれており、彼自身が何をやっているのか周囲の人はわかっていませんでした。

そこで、あるとき、彼にどのような営業活動をしているのかを質問したところ、彼は自分の顧客を中心に訪問していると答えました。

特に、土地活用で利益を得ている熱心なお客様の家には、週1回、昼過ぎから夕方まで、時間を気にせずに滞在していたのです。

「なぜ、お客様のところに行けるのか?」「なぜ、お客様は拒否しないのか?」、不思議に思う方もいるでしょう。

行っても話題がないと躊躇する人もいるでしょうが、**フォローアップする人は話題を持っていて、話をしに行く**のです。たとえば、入居率の上げ方や土地活用の最新事例など、何でもいいのです。

一方、お客様はセールスパーソンが来訪すると、必ず有用な情報を持ってきてくれるとわかっているので、喜んで迎えます。

お客様はお返しをしたいと思うので、まわりの人たちにも参考になるからと声をかけて人を集めてくれるのです。

つまり、本来セールスパーソンの仕事であるはずの新規開拓を、お客様が代わりに行ってくれているのです。それは、彼から商品を提供してもらって、生活や仕事がよくなったことへの恩返しでもあります。

ですから、**彼はそこにいるだけでよく、むしろお客様が彼に代わってセールスをしてくれているの**です。

セールスの世界では、このような協力者が何人いるかが非常に重要です。このような協力者が出てくるセールスは、売ることをゴールにせず、むしろスタートにしています。

お客様がお客様を呼ぶセールスは、売ることを始まりと考えている、トップセールスだからできることです。

ただ、この考えを持っているセールスパーソンが意外に少ないのです。

フォローアップが重要であることを理解して、売ったあともお客様との関係を終わらせず、お客様が誰かを紹介してくれたときに、この手法のすごさがわかるでしょう。

しかも、それがいかに楽な営業スタイルかを実感するはずです。

トップセールスは

新規開拓をせず
熱心なお客様のところに足を運ぶことで
新規営業を代わりにやってもらう

買ったあとの効果を確認するだけで、口コミが始まる

お客様にとって、商品を購入したということは、投資をしたことになります。投資に対して、変化を感じることは、投資のメリットを得ることです。

商品によっては、その価値をすぐ得られるものがあります。多少の時間と努力を要するものもあります。買ってすぐ使えるもの、たとえば電化製品はその価値がわかりやすいですね。多少時間がかかるものですと、「勉強する」「やせる」などの類の商品でしょう。

商品・サービスを購入し活用することで、これまでの生活に「変化」が訪れます。

その**変化がお客様の喜びにつながる**のです。

「小さな変化を見逃さない」ことが、セールスパーソンにとって大事なのです。

ここに注目しているのが、トップセールスです。彼らはお客様に採用していただいた商

品に絶対的な自信を持っており、商品の価値を手に入れていただけると信じているのです。その価値を手に入れた変化が喜びであり、購入時点から感じてもらえると思っています。

ですから、購入したお客様に電話するときも、**「先日はありがとうございました。その後、いかがですか？　どのような変化がありましたか？」**と質問できるのです。

当然、お客様は変化に目を向けるので、「ありがとうございます。○○になりました」と言います。そこで、「それはよかったです。うれしいですね。また、その後の使用状況を聞かせてくださいね」と言えるのです。

また、あまり変化を感じていないお客様にも動じません。同じような質問をしたときに「まだ、あまり変化を感じませんね」と言われたときにも、**「そうなんですか。多少でも、ここが変わってきたということはありませんか？」**と質問できるのです。そうすると、多くのお客様は「そういえば、多少○○が変わったかもしれませんね」と答えます。

それでも、「何も変化はありませんね」と答える人がいるかもしれません。そのときにも、トップセールスは動じません。表現を変えて質問を続けます。

「その中でも、しいて言うと、ここが変わったというところはないですか？」
「そうですね……。そういえば、○○の部分が変わったかもしれません」
「そうですか。よかったです。でも、変化が少ないようですから、今後もしっかりやってくださいね」

などとアドバイスも含めて言えるのです。

変化には、これまでの自分と今の自分を比較して数字で実感するものもあれば、感覚的に実感するものもあります。あるいはその両方もあります。**人は実感によって、自分のやっていることに自信を持ち、喜びが生まれる**のです。

お客様もまた、商品・サービスを購入することで、生活がよくなる・仕事がはかどるなどのメリットを得られると信じています。トップセールスは、それを誰よりも信じています。

「どのような変化がありましたか？」という質問は、お客様自身が気づいていない変化を感じ取ってもらうことで、商品・サービスの良さを実感させる効果があります。

変化を実感したお客様は、まわりの友人や家族に自然に話を始めるようになるのです。自分がやっていたことに間違いはなかったこと、喜びを得たことを誰かに伝えたくなるからです。

お客様がセールスパーソンに伝えたように、です。これによって、**お客様による口コミが始まる**のです。

トップセールスは「どのような変化がありましたか？」でお客様に変化を実感してもらい口コミにつなげられる

お客様の感謝の声が成約率を高める

前節「買ったあとの効果を確認するだけで、口コミが始まる」は、お客様が商品購入後の変化を感じることで、自分のやっていることに自信を持ち、喜びが生まれる話でしたが、この節では、セールスパーソンが自信を持つために重要なフォローアップに触れます。

お客様の感謝の声が、他のセールスの成約率を高めることがあります。それぐらい**お客様の声はセールスパーソンを力づけ、自信を与えるもの**なのです。

月に1回、定期的にお客様のところへ訪問するセールスパーソンがいました。彼はお客様の声を聞く考えなどありませんでしたが、半信半疑で聞くようにしたところ、「意外とよかったよ」「効果がありましたよ」という反応があり、びっくりしたそうです。やがて、定期訪問でお客様のところに商品を届けるたびに、お客様の声を聞くことで、自分のやっていることに自信が持てるようになりました。その声を励みに、新規営業にさらに力が入り、今まで以上に注文数が増えたのです。

フォローアップを始めると、セールス力に磨きがかかります。

人間とは正直なものです。**お客様に喜ばれていると感じると、自信がつきます。そして、営業量を増やし、成約率を高める**のです。

反対に、フォローアップをしていないと、自分のやっていることに疑問が湧きだし、やがて心が疲弊してくるのです。

つまるところ、**お客様の喜びの声を聞くことによって、セールスパーソンは営業活動を長続きさせることができる**のです。

定期的にお客様と接する機会のあるサービスや商品を提供しているセールスパーソンこそ、フォローアップを大事にしなければいけないのですが、その重要性を理解している人はあまりいません。販売してしまったら、それで自分の役目は終了と考えている人が多いからです。

セールスを行っている限り、お客様の感謝の声を聞くことが非常に重要なのです。

じつは、このことを痛感させられたのは他でもない私だったのです。

お客様から「成果が上がらない」という声があったにもかかわらず、その声に耳を傾けず、売ることに一生懸命になっていました。やがて、自分の中で販売についての疑問が湧き、それが成績の低下につながっていきました。

そこで思い切って、お客様の声を聞くようにしたところ、お客様自身がなぜ活用できていないかがわかるようになりました。さまざまな問題について一人ひとりに丁寧にアドバイスすることで、お客様が変化を感じ始めたのです。その変化の声を聞くことで、元気が出てきました。

これによって、新しいお客様にプレゼンテーションを行うときにも、絶対的な信念を持ってできるようになったのです。

お客様のフォローによって、お客様の感謝の声が営業への自信につながり、セールスの成約率が高まるのです。

よく考えれば当たり前のことですが、これがわかったのは、セールスパーソンになってから12年もたった頃でした。

これ以来、私のセールスは常に、お客様の感謝の声を聞くということが基本になり、フォローアップの必要性を皆さんに伝えるようになりました。

トップセールスは
お客様の声を聞くことで自信がつき、営業量を増やし長続きできるサイクルを保っている

率先してお客様から紹介先を紹介される

「自分の売上のためにお客様から紹介していただくことはしない。**紹介はお客様と紹介者のために依頼するものである**」

これが、紹介の心構えです。紹介は、セールスパーソンにとってビジネスを行っていくための生命線です。

新規開拓活動と既存のお客様のフォロー活動の両輪を回していくには時間がかかります。既存のお客様から紹介される流れを作れば、セールス活動は、時間的にも精神的にも余裕を持って継続できるのです。

この節では、お客様から率先して紹介してもらえる方法をお伝えします。

一般のセールスパーソンも、紹介は意識しています。もちろん、紹介で営業活動に回ることもあるのですが、トップセールスは紹介の質と量が圧倒的に違うのです。

では、一般のセールスパーソンとトップセールスとは何が違うのでしょうか。

それは紹介に対する考え方です。冒頭で示したように、トップセールスは紹介を自分の成績のために行っていません。あくまでも、紹介先と紹介者のために行っているのです。自分の提案する商品はお客様の役に立ち、喜ばれ、幸せにするもの。ひいては、世の中をよくするものであるという信念を持っています。したがって、**まわりの人に紹介することは当然である**と考えているのです。

ですから、お話しした人全員に紹介依頼を行うのです。もちろん、紹介先は商品を購入してもらう人ではなく、あくまでも話を聞いてもらう人です。

紹介をもらえるように、セールス活動に組み込んでいるのです。

これを見事に実践している大手保険会社のトップセールスがいます。彼は、保険業界のトップ3％だけが入れるMDRT（Million Dollar Round Table）の中でも上位15％以内に位置するタイトル保持者でもあります。

では、どのように紹介依頼をしているのでしょうか。

セールスのあとに、紹介に対する考えを紹介用紙として、必ずお客様全員に出すのです。

①保険の説明を理解いただけたかをアンケートで聞く
②面会で印象に残っていることを3つ書いてもらう
③紹介者5名を書いてもらう

このような用紙を出し、一つひとつ丁寧に聞いていくのです。特に、2つ目の自分の印象を書いてもらうことが重要です。ここでお客様から、「話がわかりやすかった」とか「話を一生懸命してくれた」などという感想がもらえます。そうすると、書いたお客様は、セールスパーソンにいい印象を持ちます。そして、セールスパーソンもお客様の気持ちを確認できて自信を持つのです。

そこで、「『話がわかりやすい』と書いていただきましたが、このことを求めておられる方をご紹介いただけませんか?」「『私が一生懸命だった』と書いていただきましたが、これを喜ばれる方をご紹介いただけませんか?」と紹介依頼をするのです。

紹介率はじつに約80%。それも、すべてお客様から電話をしてもらえるようにしているとのことです。

このように、**トップセールスは紹介をしてもらう方法を確立している**のです。

これが「率先してお客様から紹介先を紹介される」方法であり、単なる人間性や人格で紹介されているだけではないのです。

紹介をもらえるようになるには、実行できる仕組みにしていく必要があります。

トップセールスは
紹介は自分のためではなく
お客様とその紹介者のためにあると信じ
紹介の仕組み化を徹底している

第6章

トップセールスは自分にセールスできている

セールスパーソンが自分自身に質問して、セールスの信念を高めていくことを**「セルフマネジメント」**といいます。

トップセールスの人たちと話していると、とにかく信念が強い。彼らは信念を持つことで、思いが伝わることを知っています。そして、**楽しく売れることをわかっている**のです。

信念を高めるには、**「商品を買ってもらうために、自分自身が欲しいと思っているか？」を、常に確かめる**ことです。

まずは、自分自身にセールスできているかが大事です。自分に売れない商品を他人が買ってくれるはずはありません。

お客様に成果を上げてもらうためには、セールスパーソンがその成果を実感していないと、うそになってしまいます。正確には、売りたいがためにうそをついているように聞こえます。すごい営業のテクニックを持っていてもダメ。自分自身のあり方が、ビジネス成功のカギとなるのです。

もちろん、お客様のためですが、自分のためにもセルフマネジメントを行うのです。自身がビジネスで喜びを感じるために、**「相手のためになり、社会のためになる」**を唱えるのです。

自分ひとりのときにやるのがいいでしょう。場所はどこでもかまいません。ただ、誰かがいると、その人の影響を受けてしまうので、人がいないときにやることです。

私は朝を薦めています。1日1回、静寂の中でやることです。「調子がいいからやらなくていい」とか、「調子が悪いからやる」ではなく、毎日続けることが大事です。

私は書くことで、気持ちを高めています。これが習慣になっていて、生活の一部となっています。

セルフマネジメントがきちんとしていないと、うわべだけのセールスパーソンになります。こういうことこそ、やらなければいけません。営業スタイルのかたちを整えていくことです。

トップセールスは、自分なりのパターンでセルフマネジメントを陰でやっています。営業手法を真似しているだけでは、セールスは長続きしません。

普通のセールスパーソンは目を向けていない部分だと思いますので、トップセールスのセルフマネジメントの方法を6つの質問を通して紹介していきましょう。

自分の買いたい商品を売っているか？

「誰よりも自分が欲しいと思っているでしょうか？」
「自分が一番のファンでしょうか？」
「ほれ込んでいるでしょうか？」

自分が提供している商品に対する、これらの質問に「イエス」と答えられるのがトップセールスの第一条件です。この条件をクリアしていないと、相手の話をしっかり聞くことができず、商品の良さを伝えることもできません。

もちろん、トップセールス全員が最初から「イエス」と答えられたわけではありません。トップセールスの多くは、商品が好きで、その営業を所望したわけではないですし、むしろそんな人は少ないでしょう。

ただ、**どんな商品を売るにしても、自分自身が購入者の立場になって見ている**のです。自分が使うとしたらどうするか。**商品を熱心に調べ、ほれ込んでいく**のです。

とはいっても、好きでもない商品を好きになることは難しいでしょう。そこで、ポール・J・マイヤー氏が提唱した「熱意を持ち続ける法則」を紹介します。

法則には、3つの柱があります。

①興味・関心を持つ
②情報収集をする
③確信を持つ

①興味・関心を持つ

自分が提供している商品に対し、この法則を当てはめるとしたら、「何のために使うのか」「どういう効果が期待できるのか」などを考えるようにします。

②情報収集をする

次に、自分の気持ちを高めるために、商品の性能や活用事例、成功体験などの情報を集めます。

③確信を持つ

やがてその商品を、自信を持って勧めたくなるのです。

トップセールスは意識している、していないは別にして、必ず3つの段階を経て、自分自身の商品にほれ込んでいくのです。

スーパーのトップセールスは、毎回多くの商品を自分で買っています。また、商品について研究していて非常に熱心な人です。

教育のトップセールスは、内容を理解するために、テキストにコメントを入れ、線を入れ、ぼろぼろになるまで、活用します。

建築のトップセールスは自分自身の自宅を自分の会社で建てるだけでなく、数々の工夫をそこに組み込み、自宅での生活を楽しんでいます。

トップセールスの共通点は、**誰よりも熱心な愛用者であること**。例外はないと言っていいでしょう。

トップセールスは自分の商品に自身が魅力を感じなければ、「セールスができない＝売れない」とわかっています。**魅力を感じていれば、自分自身がまず欲しいと思い、自分にセールスしたくなる**のです。

まさに、**「自分が買いたいと思っているものを売っている」**ことになるのです。

トップセールスは
熱意を持ち続けることで
自分が買いたいと思えるものを売っている

商品を買ったらどうなるかをイメージできているか？

商品で重要なのは「価値」であるということを、これまでお伝えしてきました。「価値」を伝えるために、お客様の気持ちを聞くことはもちろん大事ですが、セールスパーソンがきちんと価値を伝えられているかを確認しなければいけません。

お客様が商品を買ったらどうなるでしょうか。日常生活の変化や自分自身の変化、家庭やまわりを巻き込んだ変化もあるでしょう。

「買ったあとの効果を確認するだけで、口コミが始まる」でもお伝えしたように、商品を購入する前と購入した後の変化を実感させることです。お客様はその変化を望んでいるのです。それが手に入れたいものだからです。

セールスパーソンもまた、変化を確認するのです。

自分自身が変化を実感している、あるいは、変化をイメージしているからこそ、実感を持って相手に伝えられます。通り一遍な説明にならず、テレビショッピングやテレビCMなどのようにビフォーアフターをきちんとお話しできるのです。

売れないセールスパーソンは、ビフォーアフターを見せる効果に鈍感です。商品の特徴や性能を話すことはできますが、それで精一杯です。

「商品を使ったらどのようになるか」のイメージがあいまいで、非常に弱いのです。「お客様がどうなるかではなく、一般的にどうなるか」になってしまい、商品の説明が漠然としたものになります。

トップセールスは違います。

自分自身の変化がわかるからこそ、明確なイメージを持って提案します。

トップセールスはイメージを作るための時間を惜しみません。なぜなら、その時間がセールスの成功確率を大きく引き上げるものであるからです。

たとえば、新商品の販売時なら、自分自身が体験して、データとして残したり、そのときの自分の気持ちを残したりします。

いずれにせよ、トップセールスは**「お客様が商品を買ったらどうなるかを、お客様よりも一足先にイメージできている」**のです。イメージとは「**喜び**」です。お客様を、購入後の世界に連れて行くことができるのです。

トップセールスは、**変化のイメージや喜びを伝えることで、お客様が購入するきっかけになる**とわかっています。**イメージを持って購入したお客様は、イメージを現実にするために熱心に活用することもよくわかっている**のです。

トップセールス自身の「使いたい」と思う気持ちが、お客様をその気にさせるのです。当事者意識を持つことが、何よりも相手を動かす伝え方へ変えていきます。

トップセールスは
自分の気持ちの変化を感じて
お客様よりも先に
お客様が喜んでいるイメージを持てる

お客様に喜ばれ、自分も喜べるセールスをしているか？

「売るのではなく、買ってもらう」

私がセールスパーソンとして活動し始めたときに、アメリカの保険業界でトップセールスになった人から初めて聞いた言葉でした。

「売る」のはセールスパーソン。「買う」のはお客様。セールスは売っている間はダメなんだ、買ってもらうことができたときに初めて「セールスになる」ということを表現したものです。

この言葉は、私にとって衝撃でした。「そうなんだ！」という驚きが生まれるのと同時に、「では、どうすればできるのか？」という疑問が湧きました。

まわりのトップセールスを観察すると、確かに「売る」というよりも「買ってもらっている」ように感じました。

何が違うのか。それは、**「お客様を説得しない」**ということでした。説得しない代わりに**「お客様に納得を与える」**のです。言い方を変えると、**「お客様を動かそうとせず、お客様が自ら動くように仕向ける」**です。「自ら動くように仕向ける」には、お客様に質問をして、お客様の中にある問題をその商品を買えば解決できることをわかってもらうことです。

このような境地に、トップセールスはたどり着いているのです。では、なぜトップセールスはたどり着けるのか。

「そのほうが簡単だから」「楽だから」「短時間で済むから」、いろいろ理由はあったかもしれませんが、究極は**「お客様が喜び、自分が気持ちいい」**からです。

嫌がられるセールスほど後味の悪いものはありません。たとえ契約しても、なんだか気持ちが晴れないというケースはあります。それは、お客様を強引に説得して契約したセールスです。契約していただいても、100％喜べないのです。たとえそれによって成績が上がったり、目標を達成したりしても、やはり喜べません。

「どのようなセールスが自分にとって気持ちいいか」「どんなときにお客様に喜んでもらえたか」がわかってくると、**「お客様が納得して買う状況がベスト」**だということにたどり着くのです。

ここで面白いケースを紹介しましょう。『セールスに勇気がわく本』（夏目志郎著、日本実業出版社）に、私が長い間、疑問を持ち続けていた一節があります。

夏目さんは、ある講演会での出来事を本に書いています。この講演会の参加者が、夏目さんに「机の上の灰皿を私に売ってみて下さいませんか」と言うのです。

「どうしてあなたは、灰皿が欲しいのですか」

「私自身はそんなにタバコは吸わないんですが、オフィスに客が来たときに床に吸殻をちらかすので、それで欲しいのです」

「そうすると目的はオフィスの清潔のためですか。あなたのお客さんに対してよいサービスを提供したいためですか。どっちですか」

彼はちょっとまごつきました。私を試すために投げかけた質問でした。本人は灰皿を買おうなどとは本気で考えていなかったので、とっさに目的を絞りこめないようでした。

「どうですか。どっちですか。事務所の清潔のためですか」

私の繰り返しての問いかけに彼はうなずきました。私はすかさず、

「そんな目的ならばよろしいですよ。どうぞ売ってあげますよ」

と決めました。場内は爆笑しました。彼はいつのまにか灰皿を私に買わされたことに気がつき、頭を掻きながら一礼しました。


私にとって、この一節は、いつまでも疑問のままでした。なぜ、こんなふうにお客様は買うことになるのか。一体何が起こっているのか。本当にそんなことになるのか。むしろ疑問が増えました。どちらにしろ、当時の私にはわかりませんでした。

私は質問型営業を開発したときに、あらためて、この本を書棚から引っ張り出し、確認しました。

本では、セールスパーソンが売るという言葉を使っていますが、実際は相手に買わせているのです。質問型営業に置き換えると、質問で「オフィスが汚れる」という問題点を引き出し、「事務所を清潔にしたい」という解決法を聞き出し、相手の欲求が顕在化したところで、クロージングしたのです。

まさに、**お客様に質問をして、お客様が必要性を感じ、問題を解決できるとわかったから、お客様は買った**のです。

このように「お客様に買ってもらう」には、欲求を実現するために問題を解決することです。それを行っているセールスこそが、相手に喜ばれ、自分も喜べる、まさに自分が気持ちいいと思えるものになるのです。

トップセールスは
「売るのではなく、買ってもらう」ことで
お客様が喜んでいる姿を見て
自分が気持ちいいと感じることができる

私から買うことがベストな選択と言い切れるか？

トップセールスはセールスについて研究しています。お客様に対して、ベストの提案をしてあげたいと思っているからです。

同時に、自分の提供している商品についても研究しています。自分が買ってもらった商品を活用してもらい、本当に喜んでもらいたいと思っているからです。

セールスパーソンが提案した時点では、常に最新の商品を案内しているので、それがベストです。しかし、時代とともに商品がよくなり、バージョンアップするのが世の常。ですから、最善のものを提案するために、新商品の研究に余念がないのもトップセールスの特徴です。

誰よりも新商品の研究に熱心で、常に研究し続けているのがトップセールスですから、何がベストかをわかっています。

それゆえ、お客様に最適な提案ができるので、**「自分から買ってもらうことが一番いい」**と心底思っているのです。たとえ、在庫を消化したいと思っても、売上目標が未達でも、お客様を目の前にしたときに、**安易な気持ちでものを売らないと決めている**のが、トップセールスです。

売上が欲しいという気持ちではないのです。自分以上に商品を愛し、自分ほどこの分野を研究している人はいないという自負であり、プライドなのです。

実際、私のまわりにいるトップセールスは「自分から買ってもらうのが一番いい」と言っています。トップセールスは、自分が関わった人々に対して、全身全霊で自分にできることで貢献しようとしています。

彼らにとって、重要なのは貢献です。自分の提供しているもので十分にメリットを得てもらうことです。ここに寸分の妥協もないのです。

私の知人に、大手車メーカーの販売で、48か月連続で販売目標を達成したリーダーがいます。右肩上がりで伸びていく目標を、4年連続で達成できたのは間違いなくこの人の力によるものです。

彼は、このように言っていました。

「お客様は迷います。だから、私たちが必要なのです。一番いいのは、自分が示した商品から選択してもらうこと。それがベストな選択であると言える人がいないことが問題です。要は、**『自分から買ってください』と言えるかどうか**です」

セールスの最大のコツは、迷わせないことです。

自分から買ってもらうことが最良の選択と言えるかどうか。このために、新しい商品が出るたびに、「いいところがないかな」と見ていたそうです。他社の商品が好きなときもあったそうですが、そうすることで、自社の製品がだんだん好きになっていくというのです。

「ハンドリングがいい」「足回りがいい」「音が静か」など、些細な変化を感じる。乗ってみないとわからないことがあれば、実際に乗って確かめるのです。これも研究ですね。すべては、自分から買うことが一番いいと言えるようになるために、とことん調べることです。

大変ですが、これができる、できないの差は、売上に表れるでしょう。

彼のお客様に対する姿勢は一貫しています。トップセールスは、**売上よりもお客様という財産を重要視しているのです**。セールスにおける出会いは、一期一会。他社と比較されることもあるでしょう。試しに来てみたという人もいるでしょう。それでも、自分を認めてもらうために、努力することです。

今のお客様は予備知識を持っています。お客様がすでに知っていることを説明しても意味がありません。お客様が知りたいことを先に把握してとことん研究し、買ってもらったあとも継続して面倒を見られるようにすることです。

そこまで徹底的にやると、他のセールスパーソンより「自分から買うのが一番いい」と言いたくなるのです。

トップセールスは
商品を愛し、とことん研究し
自分から買ってもらうことが
最良の選択と考えている

お客様のいいところを見て、応援したいと思っているか？

セールスという職業に就いた人は、必ず一度はこう考えるのではないでしょうか。

「私は何のためにセールスをやっているのか」

私が指導してきたセールスパーソンの多くがこう尋ねてきます。もちろん、答えは一つです。

それは、やはり役立つためです。

だからこそ、お客様の状況がよくなるために、商品などを通して提案するのが私たちの仕事なのです。

お客様に対して、役立つために面会に行っているのに、その人の悪いところばかりを見ていたらどうでしょうか。その人の役に立つために提案するという気持ちはなくなるでしょう。「いやな人間に、なんで役立たないといけないんだ」という感情が生まれてしまいます。

したがって、セールスでは、**「お客様のいいところを見る」というのが鉄則**です。そうすれば、その人に役立とうという気持ちになります。

ところが、セールスを売るためにやっている、売上を稼ぐためにやっているとしたらどうでしょうか。

商品を売りに行こうとする場合は、お客様がいい人であろうが、よくない人であろうが、関係ないのです。あくまでも商品が売れればいいのですから。そういう意味で、下手に出たり、相手に従ったりしてでも、お金さえ出してくれれば何でもOKとなるのです。

セールスパーソンの中でも、売れればいいやという人にはその考えがあります。ですから、「売るために何でもします」ではモチベーションが続きません。**セールスは喜ばれるからこそ、ますますその仕事をやろうという気になる**のです。

トップセールスは自分のためにセールスをすると、長続きしないことを知っています。

あくまでもセールスはお客様のため、お客様の喜びのためにあることをわかっているのです。

少しでもお客様に役立ちたいと思うには、**自分がその人を応援したいと思うこと**です。

ですから、人のいいところを探します。その部分にスポットを当てて褒めて、今後の人生がもっと豊かで、楽しみの多いものになるように応援したいという気分になるのです。

とはいえ、上から目線のお客様もいるでしょう。好きになれないタイプもあるでしょう。そういうときに、相手のいいところを探す秘訣を紹介します。

- **名前の由来を聞いて、漢字のイメージからその人を褒める**

例：青木毅。毅然の「毅」。「さすが毅然とされていますね」

- **人の様子を見て、性格を褒める**

例：(表情を見て)「優しそうですね」「厳しくやっておられるのですね」

- **その人の持ち物から褒める**

例：「かっこいいですね」「上品ですね」「さわやかな感じですね」

実際に、質問型営業のアプローチで教えている内容なので、誰にでも効果的に使えます。しかし、あくまでも「自分の商品を売りたい、買ってもらいたい」という自分本位な考えではなく、**人のいい部分に自然にスポットを当てる習慣になることが理想**です。

人のいいところを探せるトップセールスは基本的に明るい人が多いのです。

人のいいところを見る習慣は、他の人だけに向けられるものではありません。じつは自分にも向けられているのです。**自分のいいところも見ているので、卑下することなく、自信を持って営業に行ける**のです。

人のいいところを見る習慣が身につくと、世の中全体に対する見方もそのようになっていきます。

トップセールスは、人、人生、すべてのものに対する見方がポジティブになっていき、幸せの雰囲気を醸し出すようになります。それを見てお客様が引き寄せられるのです。

トップセールスは
人のいいところを見ているので
ポジティブに物事を捉える力が
備わっている

セールスで役立つことが使命だと思っているか？

本章の最後では、私が一番大切にしていることをお伝えします。

これまでしつこく言ってきましたが、セールスとはお役立ちです。お役立ちとは、お客様の欲求や問題を解決するために役立つということに他ならないのです。

そのためには、お客様に寄り添い、話を聞かせてもらうこと。どのようなことを望んでいるのか。どのようなことが問題になっているのか。お客様の気持ちを汲み取り、痛みをわかり、問題を解決するために一緒に考えて、商品の提案をするのです。

私がセールスを始めた頃、自分の商品に自信を持って提案し、成績を上げてきました。しかし、2年を過ぎたときから、次第に成績が上がらなくなりました。喜ばれると思って提供していた商品が購入後、使われていないことを知り、セールス自体の意味がわからなくなってきたからです。

その頃から、「私にとってセールスとは何か？」を考えるようになりました。私自身も、セールスは「お客様のお役に立つこと」であるのはわかっていました。

けれども、現実にはどのようにお役に立つかがわからなかったのです。お客様の「お役に立つ」と言ってもさまざまなシーンがあります。


まず、商品を望んでいる人に買ってもらうことがお役に立つことです。商品を活用していただくことも重要です。どの部分が重要なのか、お客様のどこに重点を置いてお役に立てばいいのか、何をすればいいのか、そうしたことを考えても結論が出ませんでした。

答えが見つかるまで、なんと10年もかかったのです。答えとは、冒頭に書いた「お客様の欲求や問題を解決するために役立つ」ということでした。そのためにはまず、お客様の声に耳を傾けることです。

ただ、中途半端な気持ちではいけません。

話のすべてを聞かないで、「ああ、そういうことだったのですね」「ああ、わかりました」というように早呑み込みしてはいけないのです。

重要なのは欲求や問題の解決だけでなく、そのお客様の気持ちに寄り添い、共感すること。心情の枝葉までしっかり理解しようという気持ちを持ったときに、次のような言葉が出ます。

「そうだったのですか。大変でしたね」
「そういうことだったのですね。お気持ちわかります」

ねぎらいの言葉をかけたうえでの解決が必要なのです。
そうすれば、「なるほど。問題はそこですね」と共有したうえで、「それであれば、いい提案ができると思います」と心から言えるのです。
つまり、お客様の話を徹底的に聞くことを行わなければなりません。これこそが、お客様に役立つということです。

トップセールスはここを外しません。このための商品提案であることもよくわかっています。一人ひとり、目の前のお客様に役立つこと、喜ばれることこそ、自分の役割であるとわかっているのです。

なぜ、トップセールスはそのようにできるのでしょうか。それはなんといっても、数多くのセールスを通して、人に役立ち、喜ばれることを体験しているからでしょう。

セールスはやはり経験によって磨かれ、真のセールスが生まれてくるのです。

トップセールスは
お客様の声に耳を傾けることでしか
お客様のお役に立てないことを
わかっている

第7章

確固たる信念が真のトップセールスを育てる

これまで、トップセールスの仕事術を紹介してきました。

トップセールスが何をやっているのか、具体的にわかっていただけたと思います。

「お客様のお役に立つこと」を絶対的な目標に据えると、生活習慣や思考パターンが並みのセールスパーソンとは明らかに違ってきます。私が言うのも変ですが、本当に皆さん、いい人たちです。

いろいろなケースに触れたことで、「こんないい人たちが実在しているのか」と疑う人がいるかもしれませんが、本当に存在しているのです。

最後となる章では、トップセールスのその先、真のトップセールスの生き方に触れていきます。

真のトップセールスは、聖人君子という言葉がふさわしいのではないでしょうか。彼らの特徴は、

- **人の悪口を言わない。人を褒めている**
- **ネガティブな思考はしない。どうすればできるかを考えている**
- **人の意見に振り回されない。自分の意見を持っている**

・下手に出ない。堂々としている
・上から目線にならない。常に謙虚である

です。

もともと性格がいい人も中にはいるかもしれませんが、**トップセールスの仕事を真似していくだけで、性格まで変わってしまう**のです。

お客様のために尽くし、お客様に喜ばれると、全部自分に返ってきます。**セールス活動を通して、お客様のお役に立つこと、それが幸せになる条件である**と信じているからです。

セールスという仕事に対して、マイナスに考えている方は、本書に書いてあることを真似するだけで、明るい未来が待っています。

また、セールスとは、何のとりえもない（と自分で思い込んでいる）人が輝ける機会のある仕事です。私はいつもこう思います。

「なんでやらないのかな。自分で自分に蓋《ふた》をしているのは、もったいない」と。

可能性は常にあります。その可能性を活かすために、真のトップセールスの生き方を紹介します。トップアスリートのごとく、ポジティブな気持ちで売ってあげるのです。お客様を患者と思い接することで、世の中に貢献できる真のトップセールスになるのです。

目標にコミットしていく生き方をする

セールスパーソンの役割は、自社の商品を通したお客様への貢献です。それは「目標」というかたちに表れてきます。

トップセールスは、**「目標以外の行動には意味がない」**とよくわかっているのです。

もちろん、仲間と冗談を言い合い、リラックスする時間もあるでしょう。むしろ、楽しんでその時間を共有しています。プライベートである家族との時間、趣味にいそしむ時間もあるでしょう。

しかし、ひとたび、仕事へ向かえば、自らの目標に向かってコミットしていくのです。

それは、トップセールスの「習性」でもあるのです。

私の仕事仲間で、とてつもない成績を上げているトップセールスがいました。教育教材の販売をしている彼が、月間記録に挑戦しているときのことです。ひと月の平均が4契約のところ、彼はすでに10倍の成績を上げ、さらに15倍の月間最高記録に王手をかけていました。

まわりのセールス仲間は、彼が独特のオーラを放っているのもあって、声をかけません。彼もアポイントの約束でスケジュールが詰まっていて、寝る時間も切り詰めている状態でした。

次のアポイントまで時間があった彼は、近くのソファーで仮眠を。1時間ほどたった頃、「よしっ！」という掛け声とともに、おもむろに起きたかと思うと、化粧室に行ってあっという間に身支度をし、会社を後にしました。彼がいなくなると、張り詰めた空気から平穏な空気に切り替わったぐらいです。これがトップセールスの存在なのです。

売れないセールスパーソンは、目標へのコミットが非常に弱く、ムダな会話をします。「今日の面会のお客様はどうだった？」「自分の時間でやらないといけないことが多い」など、たわいもない話に終始しています。

これらの違いはなぜ起こるのでしょうか？

トップセールスと一般のセールスパーソンでは、頭の中で考えていることが違います。
トップセールスは、考えを具体的にし、行動へ移しているのです。

・自分のミッション・ビジョン・夢・目標を常に意識している
・今日やるべきことを書き出し、優先順位をつけ実行している
・やるべきことの具体的行動をシミュレーションしている
・思いついたことは書き出し、すぐやっている
・気づいたことを具体的にアイデアにしている
・今日を振り返り、自信を持つこと、改善を行っている

アスリートの中でトップにのし上がった人たちがいい例です。

メジャーリーグで活躍したイチロー選手やサッカーの本田圭佑選手、フィギュアスケートで金メダルを取った羽生結弦選手が、自分の将来の夢を小学校の頃に作文で書いていたのは有名な話です。彼らは、子供の頃から自分の夢を持ち、それを具体的行動に落とし込み、そのために時間を費やしてきたのです。だからこそ、現在の位置に上り詰めています。

また、羽生選手は、毎日の練習後に振り返りを行い、うまくいったことや改善で気づいたことなどを「発明ノート」として、一日も欠かさず書いているそうです。

トップアスリートもトップセールスもやることは同じです。

彼らは常に自分の目標にコミットしています。自分の時間の大半は、**目標に向かって行動しているの**です。日々、具体的な行動に落とし込み、優先順位を明確にしています。日常で得たアイデアを取り込みながら、**自分の行動を振り返り、自信を得ることと、改善を繰り返している**のです。

真のトップセールスは
思いついたことを書き出し
日々改善しながら
目標に向かって行動している

うまくいかない理由より、何をすればいいかを考えている

人生にはいろいろなことが起こります。思うように進まない状況のときもあるでしょう。そんなとき、セールスパーソンはどのように対処するのでしょうか。

私が思うに、2つのタイプに分かれます。

- **現状で起こったことを受け入れる肯定的姿勢**
- **現状で起こったことを受け入れない否定的姿勢**

まず、現状で起こったことを受け入れるか、受け入れないかで分かれます。

前者のセールスパーソンは、どのようなことが起ころうと受け入れるのです。決して感情的にならず冷静に状況を見つめ、起こった事実を肯定し、認めることから始めます。

後者のセールスパーソンは、起こったことを受け入れません。彼らは、起こった事実を認めようとしないのです。

両者の差はここから起こります。もちろん、前者がトップセールスの考え方です。自分に降りかかった状況に、どのように対処していくかに目を向けます。「自分のせいで起きたことではない」と、スムーズに考えられない場合もあるでしょう。

そのときは、「しようがない」「これが事実なんだ」とまず認めます。それから「何をすればいいいか」を考えます。誰かに相談することもあるでしょう。それから、どのようにするかを考え、行動に移すのです。

- 現状を認めるために、冷静になる、客観的になる、俯瞰する視点を持つ
- 何が問題かを突き詰め、どうすればいいいかを考える
- 自分で考えるだけでなく、まわりのアドバイスも時には求める
- 解決のために具体的に行動する
- 起こったことをチャンスに変えて、現状の改革に乗り出し、成果を得る

結局、起こったことを受け入れるか、受け入れないかで、これからの生き方が大きく変わっていくことになるのです。

セールスの世界では、これがトップセールスと一般のセールスパーソンの差になっていきます。

肯定的な姿勢はトップセールスに必須です。なぜならば、自分に与えられた状況や起こったことがどんなことであろうと、その環境下で、最大限の成果を出そうとするからです。

否定的な姿勢のままでは、トップセールスになることはありません。自分に与えられた状況、起こったことに対して何もせず、ただよりよい状況を待ち望んでいるだけで、何も起こそうとしないからです。

トップセールスとは、間違いなく、現状を受け入れる肯定的な姿勢の人たちです。肯定的な姿勢を持つことで、うまくいかない理由より、**できる方法を最優先で考えて現状をよりよくし、業績を上げていく**のです。

真のトップセールスは

いかなる状況に陥っても
常に問題と向き合い
肯定的な姿勢を持って解決に向かう

買ってもらうのではなく、売ってあげる

「売るのではなく、買ってもらう」

この言葉については、P167でも紹介しました。売るのは「セールスパーソン」、買うのは「お客様」に違いありませんが、「お客様が欲しくて買うから、セールスパーソンが売る」という関係性でセールスを完結することです。

一般のセールスパーソンには、言葉の意味はわかっていても、これが実際にどのようなことなのかがわからないでしょう。

しかし、「売るのではなく、買ってもらう」がセールスの極意なのです。この14文字に込められた意味を説明するには、セールスにおける理論と実現するための方法がいるのです。これをわかっているのが、トップセールスであることは間違いありません。

今回はさらにその上を目指します。

「買ってもらうのではなく、売ってあげる」

セールスパーソンが「売ってあげる」とは、どういうことでしょうか？
これは、「ぜひとも必要なので『買いなさい』、いや、『売ってあげます！』」ということです。

「お客様の状況を聞き、どのようなことを欲しているのか？」「欲していることを実現するために、何が問題なのか？」「問題をどうすればいいのか？」と、話し合っている間に、お客様はセールスパーソンの提供する商品が必要であるとわかり始めます。

「商品によって、問題は間違いなく解決され、望んでいることを手にできる」とわかれば、お客様が買うことは決定します。そのときのセールスパーソンの気持ちは、「売ってあげるので、早く活用してください」なのです。

トップセールスは、この感覚にたどり着くのです。

では、どのようにたどり着くのでしょうか。

お客様との面会で、セールスパーソンは、会話に没入していくのです。セールスパーソンが質問をし、それに対してお客様は答えます。

お客様の状況が明確なイメージになり、お客様の気持ちまで手に取るようにわかりだします。

そうすると、「お客様には、私の商品をぜひとも使ってもらうべきだ！」と思えてきます。「いや、このお客様には絶対必要なのだ！」となったときに、「買ってもらうのではなく、売ってあげる」状態となるのです。「ぜひ使っていただくほうがいいでしょう！　そのほうが絶対にお客様のためです！」という心境になるのです。

それこそが、「買ってもらうのではなく、売ってあげる」の言葉に込められたものなのです。

ただ、この境地にたどり着くのは、トップセールスでさえも簡単ではありません。専門家として、商品を熟知していないといけないからです。

もちろん、お客様に対して、対等か、それ以上の立ち位置でセールスパーソンは接する必要があります。

言葉通りに、「ぜひとも必要なので『買いなさい』、いや、『売ってあげます！』」とお客様に面と向かって言うべきではないでしょう。「ぜひ使っていただくほうがいいでしょう！　そのほうが絶対にお客様のためです！」というくらいにとどめておくことです。

このレベルまでたどり着くことができれば、本当の意味で、お客様に寄り添い、お客様の気持ちまでも聞き切ることができた証拠だと言えるでしょう。

真のトップセールスは
「売る」から「買ってもらう」へ
そして、「売ってあげる」の境地に立っている

お客様は神様ではない。お客様は患者と思え

大御所の歌手が、「お客様は神様です」と言ったのは有名な話です。しかし、営業の世界では、お客様は神様ではありません。

では、お客様とは何でしょうか。お客様は何を求めているのでしょうか。

個人的なことであれば、今よりもよい生活、より豊かで充実した時間を求めます。会社であれば、事業をさらに発展させるための方法、そのための具体的なノウハウ、手段などを求めています。

お客様はよりよくなることを望んでいるので、そこで活躍するのがセールスパーソンです。

セールスパーソンはお客様の現状を把握したうえで、お客様の要望を聞きます。どんなことに満足するのか、もしくは喜んでもらえるのかを明確にしたうえで、自信を持って提

案すべきです。

決して、お客様はこういうものを望んでいるはずだと、憶測で提案してはいけないのです。

お客様の現状を把握することは、医師が患者を診察するのと似ています。誤診は許されません。憶測で病状を伝えることもタブーです。よく聞いて、よく検討して、専門医として答える必要があるのです。

医師と分野は違いますが、**それぞれの分野の専門家として、あなたはお客様の望みを聞き、状況を聞き、的確な回答をお客様に与える必要がある**のです。

多くのセールスパーソンは、この意識を持っているでしょうか。セールスパーソンとしてのあなたは、お客様にとって自分の問題を解決してくれる重要な人なのです。ですから、**セールスパーソンは医師と同じ立場であり、お客様は患者と同じなのです。**

トップセールスは、よくわかっています。医師が患者から感謝されるように、**トップセールスもお客様からいつもお礼を言われる**のです。

なぜならば、トップセールスから売ることはないからです。トップセールスはいつも、お客様である患者の状況を聞くことから始めます。お客様の状況をしっかりと聞き取り、そこに役立つことがセールスパーソンの役割であるとわかっているのです。

すべてのセールスパーソンはこうあるべきです。「セールス」「営業」という名刺を出しただけでお客様が身構えてしまう状況は、今までのセールスパーソンが、いかにお客様の状況を聞かずに強引に商品を押し付けてきたかを如実に示しています。

もし、そのような医師がいるとしたら、あなたは二度とその病院へ行くことはないでしょう。反対に、一人ひとりに寄り添い、現状を聞き、その状況に共感し、気持ちをわかってくれる医師であれば、それだけで足を運びたくなるのです。

このような姿勢でセールスパーソンがお客様に接することができたら、誰もがトップセールスになるでしょう。

スタートは、お客様という患者の話を徹底的に聞けるかどうか。**お客様という患者の現状や表情、気持ちなどからすべてを理解するために、全身で聞き切る覚悟を持って臨む**のです。

真のトップセールスは

セールスパーソンとお客様の関係性を
医師と患者の関係性に
昇華させている

おわりに

「この文章の根底にある重要な考え方は何でしょうか？」

「このトップセールスの習慣の本質を一言で言うと？」

「はっ？」私の頭の中が真っ白になっていきます。

質問型営業を提唱している私ですから、相手に質問をするのは、お手の物。ほとんど困ることがないのですが、今回だけは、編集担当者の武井康一郎さんに、反対に質問され困りました。

「だから……、そこに書いてあるのが事実で……」

と言っても引き下がりません。

「なるほど。では、この事実の根底にある重要な考え方は何ですか？」

「……そうなんですね。では、この事実を一言でいうと、どうなります？」

「はっ……？」と2回目です。

これが数回、繰り返されます。

そうこうしているうちに、不思議と気づくのです。

「そうか！　〇〇だよ！」

「なるほど、そういうことですね。さすがですね！」

やっと1回褒めてもらえます。

こんな調子で私が書いた文章を私と武井さんでさらに分析して、その奥の奥にあるものを見出していきます。

一項目の文章におおよそ2時間。本にすれば、4ページほどの内容です。1日10時間かけて、4項目を完成させるという日もありました。

さすがに今回は、私自身が質問に対する奥深さをあらためて、実感させていただきました。まだまだ、奥があって、その奥には本質がある。質問型営業の本を中心に14冊書き上げてきた私自身が一つの本質、考え方、行動を生み出すのにこんなに苦労したのは、正直なところ今回が初めてです。

今まで質問型営業を生み出した開発者として、自分の体験を中心に書いてきました。もちろん、体験者の声も掲載させていただきましたが、それは私自身の体験を中心に書いたうえでの同じような体験者の声です。

今回の本は私の体験は1つ、2つで抑え、ほとんどが他のトップセールスの体験と言動を集めたものです。

この作業を通して、人の心の奥底を見つめ、その本質をつかむこと、それを表現することの難しさを思い知らされました。

そして苦しんだ分だけ、読み応えのあるいい本になりました。事実、自分が書いた文章を校正している自分自身が、「そうか」「ほー、それで?」などと心で会話をして、この次は何が書かれているのかを、探求心を持って読んでいる感覚が不思議に感じられたほどです。

それだけではありません。読んでいて、自分にも活かしたいという気持ちになっているから不思議です。

そういう意味においても、質問型営業の生みの親である私に、質問で詰め寄っていただき、

「もう、これ以上出ないよ……」

という私に、

「いやぁー、まだ、その奥にあるはずです」

と何回も言っていただいた武井さんには、感謝いたします。

武井さんには、お世話になりました。特に、1冊目、2冊目の本が売れ、質問型営業が世の中へと普及する牽引になったことは間違いのない事実です。

3冊目が加わり、トップセールスの現実的な考えと行動が見えてきて、さらにあなたがセールスを極めていくことを切に願っています。

令和元年9月吉日

リアライズ　青木　毅

参考文献

- 『営業マンは断ることを覚えなさい』石原明著、三笠書房
- 『セールスに勇気がわく本』夏目志郎著、日本実業出版社
- 『トヨタの伝説のディーラーが教える絶対に目標達成するリーダーの仕事』須賀正則著、ダイヤモンド社

［著者］

青木毅（あおき・たけし）

大阪工業大学卒業後、飲食業・サービス業を経験し、米国人材教育会社代理店入社。1988年、セールスマン1000名以上の中で5年間の累積業績1位の実績をあげる。97年に質問型営業を開発。98年には個人・代理店実績全国第1位となり、世界84か国の代理店2500社の中で世界大賞を獲得。株式会社リアライズ（本社：京都府）を設立後、2002年に質問型セルフマネジメントを開発。大阪府、東京都など、自治体への質問型コミュニケーションを担当指導する。08年、質問型営業のコンサルティングを企業・個人に向けてスタート。現在、大手カーディーラー、ハウスメーカー、保険会社、メーカーなどで指導を行い、3か月で実績をあげ、高い評価を得ている。

Podcast番組「青木毅の質問型営業」は累計ダウンロード数が500万回を超えている。

著書には、『「3つの言葉」だけで売上が伸びる質問型営業』『3か月でトップセールスになる質問型営業最強フレーズ50』（ともにダイヤモンド社）などがある。

3万5000人を指導してわかった

質問型営業でトップセールスになる絶対法則

——新人でも3か月で1年の予算を達成できる！

2019年9月18日　第1刷発行

2020年10月2日　第2刷発行

著　者——青木毅

発行所——ダイヤモンド社

〒150-8409　東京都渋谷区神宮前6-12-17

https://www.diamond.co.jp/

電話／03·5778·7233（編集）　03·5778·7240（販売）

装丁————重原隆

本文デザイン—大谷昌稔

製作進行——ダイヤモンド・グラフィック社

印刷————堀内印刷所（本文）・加藤文明社（カバー）

製本————本間製本

編集担当——武井康一郎

ISBN 978-4-478-10895-6

落丁・乱丁本はお手数ですが小社営業局宛にお送りください。送料小社負担にてお取替えいたします。但し、古書店で購入されたものについてはお取替えできません。